Sabine Lepsius
Stefan George
Geschichte einer Freundschaft

SEVERUS

Lepsius, Sabine: Stefan George. Geschichte einer Freundschaft
Hamburg, SEVERUS Verlag 2013
Nachdruck der Originalausgabe von 1935

ISBN: 978-3-86347-734-9
Druck: SEVERUS Verlag, Hamburg, 2013

Der SEVERUS Verlag ist ein Imprint der Diplomica Verlag GmbH.

Bibliografische Information der Deutschen Nationalbibliothek:
Die Deutsche Nationalbibliothek verzeichnet diese Publikation in der Deutschen Nationalbibliografie; detaillierte bibliografische Daten sind im Internet über http://dnb.d-nb.de abrufbar.

© **SEVERUS Verlag**
http://www.severus-verlag.de, Hamburg 2013
Printed in Germany
Alle Rechte vorbehalten.

Der SEVERUS Verlag übernimmt keine juristische Verantwortung oder irgendeine Haftung für evtl. fehlerhafte Angaben und deren Folgen.

SEVERUS

SABINE LEPSIUS · STEFAN GEORGE

SABINE LEPSIUS

STEFAN GEORGE

GESCHICHTE
EINER FREUNDSCHAFT

Zwölf Bildnisse / ein Gedicht und dreizehn Briefe

REINHOLD LEPSIUS
GEWEIHT

VORWORT

Diese Erinnerungen sollten ursprünglich nach meinem Tode durch meine Nachfahren aus ihrer Verborgenheit gezogen werden. Es häuften sich aber die Bücher über Stefan George Jahr um Jahr, so daß ich es angemessen fand, diese Niederschrift einer Mitgeborenen noch während ihres Lebens der Kenntnis Verstehender anzuvertrauen.

Mythos entwickelt sich – wie bei einem antiken Standbild die Patina – durch Jahrhunderte und Jahrtausende. Das Wissen um den Triumph über die Vergänglichkeit zwingt uns zur Ehrfurcht, während wir uns gegen den künstlich herbeigeführten Mythos wehren und unechte Patina ablehnen.

Selbst Märtyrer werden erst Hunderte von Jahren nach ihrem Tode heilig gesprochen, nachdem ihr allzu Irdisches aus der Phantasie der Späteren entschwand.

Homer, Sappho, ja Shakespeare wurden zu mythischen Gestalten – Goethe steht diese Verwandlung noch bevor. Wir haben weder das Recht noch die Möglichkeit, den Lauf der Zeiten zu zwingen, sondern der Rhythmus des Ruhmes, des Nachruhmes und – schließlich – des Mythos folgt seinem eigenen Gesetz.

> Wie an dem Tag, der dich der Welt verliehen,
> Die Sonne stand zum Grusse der Planeten,
> Bist alsobald und fort und fort gediehen
> Nach dem Gesetz, wonach du angetreten.
> So musst du sein, dir kannst du nicht entfliehen.

> So sagten schon Sybillen, so Propheten
> Und keine Zeit und keine Macht zerstückelt
> Geprägte Form, die lebend sich entwickelt. (Goethe)

In Stefan George war eine Größe, die es erübrigt, ihn in künstliche Ferne zu rücken; er blieb groß, auch aus der Nähe gesehen und erlebt. Freilich eine Zeit, die den Zweckmenschen verherrlicht und die platteste Alltäglichkeit mit jener Wirklichkeit verwechselt, die aufbauende Kraft bedeutet, muß blind sein für das Eingeboren-Mythische, das zu innerst jedem Genius eignet, sei es Goethe oder George, das sich aber zum Höhepunkt seines unbehauchten Glanzes erst in fernen Zeiten erheben kann.

So gesehen erlischt das Bedenken, vielen zu erzählen, was nur wenigen zu wissen wertvoll sein mag.

Birklehof im Schwarzwald *Sabine Lepsius*

Im Dezember des Jahres 1895 erschien in Rom zwischen vielen, mehr oder minder üblichen Gesellschaftsmenschen bei einem abendlichen Empfang in der Casa Bartholdy, dem Salon von Harry Hertz, – der späteren Begründerin der Bibliotheca Hertziana – ein Jüngling von besonderer und feiner Schönheit. Der bartlos Ephebenhafte glich dem jungen Mendelssohn-Bartholdy. Sein Name war Richard Perls. In der Schönheit dieses Antlitzes enthüllte sich einem Sehenden bald die Höhe seiner Geistigkeit.
Er sprach pointiert und gepflegt, ohne jede Geziertheit. Seine Freude an Paradoxen oder auch am „épater le bourgeois" war sehr ausgesprochen. An diesem ersten Abend unserer Bekanntschaft erzählte er von einem Dichter und von dessen Besonderheit wie von einem ungekrönten König.
Er stellte ihn dar als einen der größten Geister unter den Lebenden und brachte uns am nächsten Tage einige Bände der Werke von Stefan George. Abends spät, nachdem die Gäste dieses geselligen Hauses sich getrennt hatten, nahm Reinhold Lepsius die Dichtungen mit in sein Zimmer und erstaunte mich am nächsten Morgen durch das Hersagen von Strophen, die er in der Nacht gelesen hatte und die er immer und immer wieder vor sich hinsprach:
    Dein auge blau · ein türkis · leuchtet lange
    Zu reich dem Einen ...
        oder
    Dem finger stützend deiner lippe nah.

Täglich hörte ich neue Wunderworte und erlebte so die Wirkung Georgescher Dichtung neben mir, so stark wie sie nur je schwingen konnte. Der Eindruck dieser Wirkung gab mir den Glauben an sie, nicht die Dichtung selbst, zu deren eigenem Verständnis ich erst später gelangte. Noch lebten in mir Hölderlin, Goethe, Hafis (nach Daumer), Justinus Kerner, Eichendorff, Lenau, die Droste, Heinrich Leuthold. Ich war zu nah und innig mit diesen verbunden, um schnell den Weg zu dem neuen Ausdruck Georges finden zu können.

Trotz dieses Eingeständnisses erzählte Richard Perls mir weiter von Stefan Georges Lebensweise. Daß er die Menschen nur wie zur Audienz vorlasse, daß er seinen Aufenthalt geheim halte, seinen Wohnort nicht verrate und dergleichen mehr.

Hätte ich nicht die Wirkung Georgescher Dichtung auf Reinhold Lepsius beobachtet, die nur vom Echten und Starken ausgehen konnte, so würde Richard Perls durch seine wunderlichen Berichte die Vorstellung eines weltabspenstigen Sonderlings in mir erweckt haben. So aber hielt ich an meinem eigenen Bilde fest und lehnte alles andere ab.

Im Herbst des Jahres 1896 wieder in Deutschland angelangt, wurde mir eines Tages eine Besuchskarte geboten, mit dem Namen STEFAN GEORGE und einigen geschriebenen Worten, welche sich auf Perls bezogen. Als ich in mein Wohnzimmer trat, stand er schon dort: nie werde ich diesen ersten Eindruck vergessen, ich wußte sofort, daß ich einer überragenden, machtvollen Persönlichkeit gegenüberstand. Seine Begrüßung, von selbstverständlicher Natürlichkeit und Lebendigkeit, hatte nichts von dem Absonderlichen, das mir geschildert worden war. Seine Blicke fern und doch auch liebenswürdig. Seine Sprache ohne laut zu sein von markiger Wucht. Der süddeutsche Dialekt brachte jene Anmut in das

Gespräch, welche die zu große Schwere hindert und sich weit entfernt hielt von der allzu sachlichen gelehrten Schriftsprache, die das Leben und die Beweglichkeit, den Schmelz und die Farbe aus den Worten vertreibt.
Sein Lachen, das sichere Erkennungszeichen für den Menschen, war sieghaft gewinnend und vom Schütteln der Mähne begleitet. Wo war der abspenstige Menschenfeind, den man mir geschildert hatte? Wo der Unnahbare, Abholde? Warum aber duldete er, daß seine Nächsten so irreführende Gerüchte über ihn verbreiteten?
Als störend empfand ich damals nur den Zylinder in seiner Hand und den gläsernen Fremdkörper vor seinem einen Auge; aber auch das Monokel trug bei ihm einen anderen Charakter, als man es sonst gewohnt war, und die Schwäche des einen Auges mußte ihm unbedingt geglaubt werden, wenn er sich vor Reinholds Kopie des Giorgione-Konzertes stellte, um es genauer zu betrachten. Einige wenige Worte, die er nun sagte, sind mir in Erinnerung geblieben, da sie ihn mir als Künstler von Geblüt zeigten: „In einer solchen Hand ist das ganze Leben des Malers, das macht es eben zum großen Kunstwerk, daß in jeder Nebensache das ganze Leben enthalten ist." So ungefähr lautete der Ausspruch, der mir von einem Kunstgespräch am lebendigsten in Erinnerung blieb.
Von einem ausgedehnteren persönlichen Gespräch haftet in meinem Gedächtnis sein zustimmendes Lachen über eine Bemerkung von mir gelegentlich der Beziehung zwischen Männern und Frauen. Ich erzählte ihm, daß ich seit meiner Verheiratung unter den Männern wenig Freunde hätte, weil man sich im allgemeinen nur von unverstandenen Frauen angezogen fühle, und niemand mir mein Glück verzeihe. Meine Offenheit schien ihn sehr zu belustigen, wohl auch, weil er aus ihr verstand, was ich ver-

standen haben wollte, daß mir nämlich nur Freunde jenseits jeglicher galanten Beziehung willkommen seien. Ich fühlte eine unerklärliche, wortlose und doch deutliche Zustimmung zu meiner Bemerkung, die ihm so gemäß schien, daß wir schon in dieser ersten Stunde fast Freunde wurden. Als der Besuch mich wieder verlassen hatte, stand ich so sehr unter dem Eindruck der Größe dieser Persönlichkeit, daß ich beschloß, mein Kind, das ich unter dem Herzen trug, Stefan zu nennen.

Stefan George suchte dann Reinhold Lepsius in dessen Atelier auf, um ihn allein zu sehen und zu sprechen. Der Eindruck war auch hier ein überwältigender und die Zustimmung zu der Benennung des zukünftigen Lebens, dem wir entgegenhofften, eine unbedingte.

Von nun an besuchte uns George oft in unserer in der Kantstraße gelegenen Wohnung, und wenn auch eine übertriebene, an Steifheit grenzende Zurückhaltung unserm Zusammensein zu dreien oder auch zu mehreren die wirkliche Vertrautheit noch vorenthielt, so regte sich doch in der Luft ein rückhaltloses Ahnen und Fühlen der Persönlichkeiten.

Um unser Zusammensein scharten sich allmählich einige Verstehende und Anempfinder, jedoch auch selbständig in sich ruhende Geister. Die innere Gestalt von Reinhold Lepsius sicherte diesem Kreis die Atmosphäre der Lauterkeit, die ihr Licht leuchten ließ über Gerechte und Ungerechte. Es empfingen selbst solche, die eigentlich nicht zu uns gehörten, für kurze Zeit einen Widerschein, der sie über sich selbst hinaushob, indem Reinhold einen Maßstab an ihr Leben stellte, der ihnen sonst nicht zugänglich gewesen wäre.

Vielleicht wurde durch meine Art des Verständnisses die Wärme hinzugefügt, die nicht fehlen darf, wo große Geister heimisch werden sollen. Es ist dies ein Verstehen, das nicht aus dem Verstand, sondern aus dem Herzen geboren wird, in dem Bemühen, erlesenen Freunden das zu schaffen, was sie im gegenwärtigen Abschnitt ihres Lebens gerade brauchen. Ich feierte den Freund gern durch brennende Kerzen oder blühende Lorbeerzweige, die ich im Süden lieben gelernt hatte und die sein Wesen mir symbolisierten. „Le vrai ‚savoir-vivre' vient du coeur" (George Sand). Und so fühlte ich auch jetzt und tat alles, um es zu schaffen. Wenn ich aussprechen sollte, was es hier war, so würde jeder Begriff durch Worte vergröbert, die schwer so Zartes, so uneigennützig Sorgendes, überpersönlich Bewunderndes ausdrücken können. Nur soviel weiß ich, daß ich im Verein mit Reinhold Lepsius das gefunden hatte, was unserem Freunde damals nottat. Sein Gedicht BLAUE STUNDE. AN REINHOLD UND SABINE LEPSIUS gibt mir recht.

  Sieh diese blaue stunde
  Entschweben hinterm gartenzelt!
  Sie brachte frohe funde
  Für bleiche schwestern ein entgelt.

  Erregt und gross und heiter
  So eilt sie mit den wolken – sieh!
  Ein opfer loher scheiter.
  Sie sagt verglüht was sie verlieh.

  Dass sie so schnell nicht zögen
  So sinnen wir · nur ihr geweiht –
  Spannt auch schon seine bögen
  Ein dunkel reicher lustbarkeit.

> Wie eine tiefe weise
> Die uns gejubelt und gestöhnt
> In neuem paradeise
> Noch lockt und rührt wenn schon vertönt.

Und wenn der Freund mich „Herrin" anredete, so fühlte ich mich „belohnt genung", ja viel zu reich beschenkt und gewürdigt für das, was er in jener Zeit bei uns fand.
Wie man den so Einzigen und das Wertvolle, das er schuf, zu fördern suchte durch Stimmung, die ihm wohltat und ihn fruchtbar machte, so erkannte ich hier, daß ich meine Gaben in den Dienst dieses damals in Deutschland noch unbekannten Künstlers stellen müsse; sie waren zum Teil weiblich-sorgender, zum Teil ästhetisch-künstlerischer Natur, wie zum Beispiel die schöne Anordnung von Räumen, des Lichtes in ihnen, das Fernhalten alles Auffallenden, die Bevorzugung gedämpfter Wirkung, endlich das Zusammenhalten und Lenken der Menschen, die dem Schönheitsfrohen Freude bereiten, bei selbstverständlichem Zurücktreten meiner eigenen Person. Der Begriff der „Resonnanz" kommt dem am nächsten, was diese Stimmung näher bezeichnen kann; sie gipfelte in Abenden, an denen er seine Gedichte in einem größeren Kreis von Zuhörern las, und – war George für eine solche Lesung gestimmt, so wußte ich den Abend schön zu gestalten.
Im November 1897 war George wieder nach Berlin gekommen. Ich lasse hier einige Sätze aus meinem Tagebuche folgen: „Stefan George wieder hier. Er besuchte mich am Nachmittag allein, danach waren meine Gedanken sehr von ihm eingenommen. Wir luden ihn neulich mit X. und Y. zusammen ein, aber wie schwer ist es, die Menschen um George so zu sammeln, daß sie sich wie der Rahmen um ein Kunstwerk oder die Fassung um den Edel-

stein schließen. X. und Y. sind zu platt und rationalistisch, um sie unter irgendeinem Gesichtswinkel mit George gleichzeitig zu betrachten; sie fallen ab wie die lockere Fassung vom Diamant. George wirkt zwischen ihnen wie ein Übermensch, in dessen Nähe man unwillkürlich leiser geht, um ihm den Alltag fern zu halten. Nur Reinhold strahlt sein Eigenstes aus. Wie Wohllaut klingt sein Wesen gegen den überpersönlichen und fernen Ton: Stefan George!"

Am 14. November war eine seiner Lesungen. Wieder lasse ich einige Reihen aus meinem Tagebuch folgen. „Den 15. November 1897. Gestern war ein großer Tag. Stefan George las vor einem zahlreichen, aber ausgesuchten Hörerkreis Gedichte aus dem ‚Jahr der Seele' und noch andere einzelne Verse. Ganz allmählich wurde man hineingezaubert in die Stimmung seiner Dichtungen, die mit- und hinrissen." Wie sollte man es wohl zu beschreiben suchen – der Ton seiner Stimme wechselte seine Höhe und Tiefe nur in ganz seltenen Abständen, wurde dann streng beibehalten, fast wie eine gesungene Note, ähnlich dem Responsorium in der katholischen Kirche, und trotzdem bebend vor Empfindung und wiederum hart, dröhnend. Es war der Zusammenhang mit seiner Kinderzeit zu spüren, da er einst während der Messe das Weihrauchgefäß schwingen durfte. Auch die Endzeilen verharrten auf dem gleichen Ton, so daß nicht nur der übliche Schlußeffekt völlig vermieden wurde, sondern es schien, als sei das Gedicht nicht ein einzelnes in sich abgeschlossenes, sondern ohne Anfang, ohne Ende, wie herausgegriffen aus dem Reiche großer Gedanken und erhöhter dichterischer Vorstellungen. Er sah merkwürdig aus, wie Dante, wie aus einer anderen Zeit.

Um 5 Uhr hatte George zu lesen begonnen. Als er geendet, blieben noch etliche der Zuhörer beisammen. Unter ihnen befand sich Lou Andreas Salomé, die Freundin Nietzsches, die

George mit großer Andacht lauschte; sie brachte ihren jungen Freund Rainer Maria Rilke mit, dessen ätherisches Sein sich in dem Jugendlichen ausdrückte, ohne ihn seiner geistigen Männlichkeit zu berauben. Seine Erschütterbarkeit konnte man nur ahnen, denn sie verbarg sich unter einem so ausgewogenen Wesen, daß man nicht dazu angeregt wurde, über seine Bereitschaft zum Leiden nachzudenken, sondern ihn vielmehr als einen durchaus harmonisch zusammengehaltenen Jüngling empfand. Stefan George war im ganzen nicht geneigt, einen solchen Grad der Empfindsamkeit zu schonen; es lag nach Jahren eine Kränkung dieses Verwundbaren durch George vor, deren Verlauf mir aber unbekannt geblieben ist; doch weiß ich, daß Rilke später, wenn man ihm Georges Namen nur nannte, erbleichte und zitterte.

Rainer Maria Rilke sahen wir noch etliche Male wieder, und es machte Reinhold Lepsius besondere Freude, ihn in die Kunst Rodins einzuweihen, was für Rilke von Bedeutung wurde, da er später jenen tönenden Hymnus über Rodin schrieb; jedoch schien es, daß Rilke bei uns nicht das fand, was er suchte, denn er kam nur noch selten zu uns.

Auch die schöne „Ulais" (Luise D.), der Wolfskehl einen Band Gedichte gewidmet hatte, war unter den Zuhörerinnen. Sie war nicht nur voller Geist, sondern besaß als Sängerin wirkliche Gestaltungskraft, durch die sie den Liedern von Schubert und Schumann ein ganz besonderes künstlerisches Gepräge gab, das ebenso überraschte wie überzeugte. Eine gewisse Hemmungslosigkeit der Verkehrsformen, die im Leben an ihr erschreckte, wußte sie künstlerisch so zu verwerten, daß man sie sogar als Vorzug empfand. Menschlich jedoch befremdete sie durch ihr allzu willkürliches Benehmen und hinderte dadurch manche schon beginnende Annäherung.

Otto Eckmann, der Kunstaufrührer und Kunstgewerbler, nahm mit Begeisterung die Gedichte Georges auf. Ein todkranker Mann, hatte er dennoch das Leben der zarten und schönen Mascha vor dem Sterben an sich gefesselt. George wurde sehr berührt von ihrer vornehmen weiblichen, einer Psyche gleichenden Gestalt. Ihr helles aschblondes Haar unterschied sich nur wenig von ihrer Hautfarbe; war sie hell gekleidet, so erschien sie wie eine Tanagrafigur, diesen Püppchen jedoch überlegen durch besonders entwickelten Verstand und graziöses Gespräch. Von ihrem Manne mit feinstem Bedacht gekleidet, bewegte sie sich durch die Reihe der sie Betrachtenden unbekümmert, zwar anspruchslos, doch wiederum sehr sicher. Für George waren diese norddeutschen Frauen neu und erstaunlich. Der weibliche Reiz bei soviel vornehmer Zurückhaltung wirkte stark auf ihn und er sprach oft bewundernd von der „Eckmännin". Mascha brachte uns später ihren Neffen Otto Braun ins Haus, der sich mit unserem Sohne Stefan eng befreundete und von da an unzertrennlich von all unsern Kindern blieb. Seine Mutter Lilly Braun war Maschas Schwester; eine fesselnde Persönlichkeit, der es gelang, ihren Sohn zu einer solchen Gestalt heranzubilden, wie sie uns dann nach seinem Tod aus seinen Briefen und Tagebüchern entgegenleuchtete.

Karl Gustav Vollmöller, der in seiner Jugend nicht nur als Genie galt, sondern es auch wirklich war, brachte seine Schwester Mathilde mit. Beide erschienen häufig bei uns, und Mathilde erfreute sich der besonderen Vorliebe Georges. Ein großer Reiz an ihr war es, wie sie in württembergischem Dialekt feine, differenzierte Gedanken auszudrücken wußte. Sie war eine lichtblonde kleine Gestalt, ausgesucht malerisch gekleidet und eine Augenweide für uns alle, obschon ihr württembergisches Zünglein

manchmal recht scharfe Urteile fällen konnte. Karl Gustavs Genie brachte damals herrliche starke Blüten hervor, die mit ihren Wurzeln alles Edle und Ewige, was in ihm war, aufsogen, später bemühte er sich leider nur noch um den Tageserfolg.
Ein besonders aufmerksamer Zuhörer war Prof. Richard M. Meyer, der durch Karl Wolfskehl auf Georges Werk hingewiesen, dessen Wert begriff, soweit das in ausschließlich verstandesmäßiger Einstellung möglich ist. Jedenfalls war er der erste, der aus Universitätskreisen die Wichtigkeit und den Ernst Georgescher Kunst erkannte, zu einer Zeit, als Erich Schmidt und Gustav Roethe diesen Namen nicht einmal verlauten hörten; später drang Roethe zu solcher Würdigung durch – eine Einsicht, welche Willamowitz niemals beschieden war. Richard M. Meyer ließ bereits 1897 in den „Preußischen Jahrbüchern" eine Abhandlung über George erscheinen unter dem Titel „Ein neuer Dichterkreis".
Zu den Verständnisvollen für Georges Dichtung gehörte Editha Blaß, eine Nichte von Reinhold Lepsius und Tochter des Verfassers der „Attischen Beredsamkeit", deren Erbberechtigung deutlich erkennbar war. Geruhig, fast druckreif, formte sie ihre Gedanken, doch nie kam ein alltägliches Wort über ihre Lippen. Ihre historische und philosophische Bildung war hervorragend. Man stritt sich um den Vorzug des Zwiegespräches, das vollständig unpersönlich, ohne jede Eitelkeit, auf der höchsten Ebene von ihr geführt wurde. Auch als Malerin war sie von großer Begabung, aber nicht selbstbewußt genug, um sich wirklich zu behaupten.
Auch die heroischen Gestalten des Musikerpaares Conrad Ansorge und seiner Frau Margarethe fanden sich ein, von Ehrfurcht beseelt für den Dichter, jedoch selbst ehrfurchtgebietend

durch den unverkennbaren Adel ihrer geistigen Herkunft. Der bedeutende Kopf Ansorges hatte einen Ausdruck, als sei er gewappnet gegen die Angriffe einer Welt, einer Welt, die damals schon die Keime in sich trug, welche nach dem Kriege so wucherten, daß sie halb Verbrecherbühne wurde, halb Gefängnis und Armenhaus.

Im Jahre des Todes von Conrad Ansorge, eben noch durch den Sphärengesang an seinem Grabe erschüttert, gedachte ich der Zeit seines höchsten Ruhmes, der sich in dieser Gegenwart, wo Erfolg an Stelle der Wirkung, Sensation an Stelle des Eindruckes und Quantität an Stelle der Qualität tritt, nicht halten konnte. Nicht halten konnte, auch weil das Hauptmerkmal des Chaos, nämlich Überrennen und Überbrüllen des als wertvoll erwiesenen Alters durch triebhaft wahllose Jugend an der Tagesordnung war. Aber Conrad Ansorge war vor der Vereinsamung der Genialen geschützt durch einen sicheren Bestand bewundernder Freunde, verehrender Schüler und vor allem durch seine wundervolle Gefährtin und die stolze Schar seiner körperlich und geistig hochgewachsenen Kinder.

Aus meinem Tagebuch: „Als nach der Lesung die meisten fortgegangen waren und nur noch mein Bruder Botho, Wolfskehl und Ernst Hardt bei uns waren, erschien George wieder zwischen uns, und um die allzu vielen Worte zu verscheuchen, begab ich mich ans Klavier und spielte Bach und Schubert, und erst als Reinhold und ich allein miteinander waren, wagten sich die Worte hervor.

Die erdrückende und zugleich erhebende Macht der Persönlichkeit Georges lag auf uns beiden. Wir konnten und wollten uns von diesem Tage nicht trennen und gingen noch spät in der Nacht lange ins Freie.

Wir fürchteten, daß eine durchschlafene Nacht eine solche Ergriffenheit verscheuchen würde, aber dem ist nicht so, vielmehr dauert sie noch und wird nicht enden, sondern zu einer großen Erinnerung sich allmählich wandeln, die Reinhold und mich in gemeinsamer Verzauberung hält."

Die vielen Gerüchte über die „theatralische Aufmachung", welche den Hintergrund zu den Georgeschen Lesungen abgegeben haben soll, lassen mich eine genaue Schilderung für angemessen halten:

Die Gäste wurden unmittelbar vom Gang in das Wohnzimmer geführt, das nur matt erleuchtet war, während im Musikzimmer, für die Gäste verborgen, zwei Klavierlampen standen, die ihr ungefärbtes starkes Licht auf den Vortragenden warfen. Eine sehr breite Tür führte vom Wohnzimmer ins Musikzimmer; dort war als einzige Veränderung gegen den täglichen Zustand ein Notenpult, das sonst dem Quartettspiel diente, für den Vortragenden in die Mitte gerückt, um die Manuskripte und Bücher, in späteren Jahren auch den „Teppich des Lebens" zu tragen. Es waren, wie immer bei festlichen Gelegenheiten, Blumen in Kübeln aufgestellt, im Musikzimmer aber ein Kupfergefäß mit Lorbeerzweigen.

Für diese, wie überhaupt für alle geselligen Veranstaltungen trug ich die alleinige Verantwortung, da Reinhold Lepsius sich um Derartiges nicht kümmerte, geschweige denn Stefan George, der sich nur freute, daß unsere Räume so festlich schimmerten. Zu der Dämpfung des Lichtes veranlaßten mich meine eigenen allzu scharfsichtigen Augen, die schon in Konzertsälen gepeinigt, mich wenigstens zu Hause die barbarische Helle meiden ließen, besonders, wenn es galt zu lauschen. Doch beschwerten sich so manche Hörer über die mangelnde Helligkeit, wie uns schien aus Enttäuschung darüber, daß sie selbst so wenig zur Geltung kamen.

Einstimmig hatten wir die selbstverständliche Meinung, ein Dichter solle, bevor er seine Gedichte vorträgt, nicht im „Volke" erscheinen. Ebenso natürlich schien es, daß er sich nach dem Lesen in mein Atelier zurückzog, um Atem zu holen. Dafür, daß nicht sofort ein lautes Gespräch einsetzte, brauchte man nicht zu sorgen, denn die Wirkung war eine so starke, so eindringliche, daß alle Hörer zunächst schwiegen und ihre Gespräche erst in gedämpftem Tone aufnahmen.

In allem Ernst wurde später gemunkelt, daß das große Buch, der „Teppich des Lebens", während einer späteren Lesung im Jahre 1899 von zwei schönen nackten Knaben gehalten worden sei. Nur war es leider nicht wahr. Ebenso grotesk war die Darstellung der Lesungen Stefan Georges einem anderen Gerücht zufolge: A. v. W., der damalige Direktor der Akademie, fühlte sich gemüßigt, in einer Zeitschrift sich darüber aufzuhalten, daß im Hause Lepsius die Wände violett ausgeschlagen seien und Jungfrauen mit Lilien in der Hand den Worten eines Dichters lauschten. Im Jahre 1929 erschien eine Selbstbiographie von Marie von Bunsen, in der sie jenen Abend schildernd ihm rote Lampen andichtet und überhaupt bestrebt ist, alles, was außerhalb mondäner Veranstaltungen liegt, die offenbar für sie die maßgebenden sind, herabzusetzen. Ihre lebendige, sympathische Persönlichkeit macht uns aber im Gespräch solche Eigentümlichkeiten vergessen.

Dem Berliner scheint es unglaublich, daß Künstler wie Reinhold Lepsius die Flachheit des Alltags in ihrem Dasein völlig auszulöschen wußten, ohne die Phrase auch nur zu streifen – eine Tatsache, die so unwahrscheinlich erschien, daß man sie in den Mittelpunkt des Klatsches rückte und ihre Wahrheit entstellte. Unwillkürlich wurde unser tägliches Leben von einem Hauch umweht, der für eine Gestalt wie George die natürliche Atmosphäre bot.

Auf dem Berliner Künstler ruht es wie ein Fluch. Entweder er entschließt sich, Poet zu bleiben, dann wird er niemals Widerhall bei den Mitlebenden finden. Sogar ein Goethe muß noch seinen Nicolai über sich ergehen lassen, der ihn lächerlich zu machen versucht; oder Kleist wird in den Schleiern seiner Poesie erwürgt. Wie ein ungeheurer Ton in einem zu engen Raum ist sein Werk, die Resonnanz versagt, schlägt an das Ohr des Dichters Kleist zurück und tötet ihn durch eine übermäßig starke Welle. Ein ewiger Schandfleck in der Geschichte der Berliner Kunst. „Echt" ist dem Berliner gleichbedeutend mit „derb", und eine gewisse Haltung und Würde zögert er nicht, als „geziert" zu bezeichnen. Von den vielen halbgebildeten Künstlern neiden so manche dem Kultivierten, gar Vornehmen, seine Kinderstube bis zum Haß. Dem Schönheitsuchenden wird es unmöglich gemacht, in Berlin heimatlich zu werden, es sei denn, daß er die Kraft besitzt, sich zu einsamer Arbeit entschieden abseits zu stellen und sich eine Insel in der Spree zurechtlebt, auf der er die Plattheit, die ihn umgibt, nicht beachtet.

Falls der märkische Künstler sich nicht in die Reihe der nur Nachahmenden einfügt, so wird es ihm zum Schicksal, nicht bodenständig werden zu können. Die Bodenständigkeit bedeutet aber eine so unentbehrliche Kräftezufuhr, daß man den idealistischen unter den Berliner Künstlern nur raten kann, auszuwandern. Im Gegensatz zu Paris und München, die beide eine starke Anziehungskraft für die Künstlerschaft der ganzen Welt besitzen, müssen der Stadt Berlin die Künstler von Geblüt innerlichst abtrünnig werden, um nicht zugrunde zu gehen. Dies galt nicht nur von der Wilhelminischen Zeit, die die Künstler ihrer eigenen Vaterstadt und ihres Vaterlandes geradezu verfolgte, und wenn sie nicht hörig waren, wie zum Beispiel Hans v. Marées, in den „königlichen" Sammlungen magazinieren ließ. Auch in der Nachkriegszeit besaß Berlin keinen Unterscheidungsmaßstab für unechte und wahre Kunst und die Abneigung gegen Phantasie, Schönheit und Poesie setzt sich bis in die Gegenwart fort. Selbst Eleganz, die ja auch ihre Berechtigung hat, war von jeher verpönt, während gemalte Roheit bejubelt wurde. Brutalität gilt als elementar, Phantasielosigkeit als „sachlich".

Eine Insel also in dieser trüben Spree hatten wir uns geschaffen, und sie zog damals eine ganze Schar an. So lernte George bei uns meinen Jugendfreund Georg Simmel kennen und dessen Frau, meine damalige Freundin, die mir zwanzig Jahre hindurch treu ergeben gewesen war; auch Simmels Freundin Gertrud Ka., von der George einige Gedichte in den „Blättern für die Kunst" unter dem Namen Gert Pauly herausgab. Ebenso groß wie seine Abneigung gegen unschöne Namen, zum Beispiel Gundelfinger, war seine Ablehnung weiblicher Vornamen in den Reihen seiner Schüler. Denn er mochte Frauennamen nicht in die Reihe der Mitarbeiter aufnehmen, wenn er sich auch den Leistungen der Frauen in Ausnahmefällen zuwandte. Für seine Freundinnen suchte er nach schönen Bezeichnungen: wie er mich einst „Herrin" genannt oder Reinhold Lepsius den „Apollinischen" und Sabine die „Dionysische" als das „Göttliche Paar" bezeichnete, so redete er Gertrud Ka. als „Huldin" oder „Dottoressa" an, glaubte es sich aber schuldig zu sein, ihren Namen, wo es sich um die Öffentlichkeit handelte, zu vermännlichen. Ich neckte ihn unverhohlen damit, da er es nicht verbarg, wie sehr das unbeschwerte weibliche Sein der „Huldin" ihn anzog. Die unbekümmerte Geste, mit der sie ihr und anderer Schicksal wie ein leichtes Wölkchen lenkte, hatte etwas Befreiendes für uns alle, die wir das Leben als schweres Gewicht trugen und nun gar für George, der sich ein Atlas fühlte.

Zwischen ihm und Georg Simmel entwickelte sich nun bald eine nähere Beziehung, und da ich seit meinem 12. Lebensjahr mit Simmel befreundet war, versuche ich hier den Eindruck seiner Persönlichkeit zu schildern, soweit sie auf wenigen Seiten heraufbeschworen werden kann; doch darf die Vertrautheit mit der jüngsten Jugend eines Menschen nicht zu dem Irrtum verführen, seine überwundenen Untugenden noch in dem Gereiften als unbewältigt vorauszusetzen. Als Freund und Mitabiturient meines ältesten Bruders Harald kam Georg Simmel fast täglich in unser Elternhaus und übertrug sehr bald seine Freundschaft auf meine Eltern. Später dann beschäftigte er sich eingehend mit mir und führte mich in Wissensgebiete ein, die mir bis dahin fern geblieben waren, wofür ich ihm Dankbarkeit für alle Zeiten bewahre. Ich durfte auch seiner Habilitationsfeierlichkeit in der Berliner Universität beiwohnen und hatte hierbei allen Grund, stolz auf meinen Jugendfreund zu sein.

In seiner Jugend blieb er der fast selbstgenugsamen Spitzfindigkeit fern, die später nach meinem Dafürhalten seine Geistigkeit beeinträchtigte; doch kommt es mir nicht zu, abzuschätzen, wo ein Lebenswerk von solcher Bedeutung vorliegt, darum beschränke ich mich darauf, mich der vielen belehrenden und erhellenden Gespräche zu erinnern, die er mit mir führte, und der Wirkung zu gedenken, die sein Geist auf mich ausübte. Doch auch er nahm aufmerksam die Anregung hin, die von meinem Elternhause in allen künstlerischen Fragen ausging, und bekannte dankbar, was das erste Erleben der besonderen Atmosphäre einer Künstlerfamilie ohne Meinungsprogramm, ohne Banalität ihm bedeutete; und nun gar, als er Reinhold Lepsius kennenlernte, überließ er sich ganz dessen Führung durch das Reich der Künste. Es geschieht Georg Simmel Unrecht, wenn man ihn, wie es von Mann zu Mann zu geschehen pflegt, nur als Intelligenz betrachtet. Weibliche Schau kann sich mit dieser Einseitigkeit nicht begnügen, sondern bemüht sich, den Menschen als Ganzes zu sehen. Wenn ich auch als Kind oder halbes Kind nur eine rein geistige Beziehung zu ihm hatte, selbst zu unreif, um zu überblicken, welch eine Welt von Güte in Georg Simmel lag, so erkannte ich doch später, daß geistiges und seelisches Wohltun, daß schrankenloses Eingehen auf seine Freunde einen Teil seines Lebens ausmachte. Er, der mehr und mehr beruflich Beanspruchte, hatte immer Zeit für seine Freundinnen und Freunde, besonders, wenn das Unglück sie berührte, wodurch er sich von den meisten Männern unterschied. Obgleich seine eifersüchtige Mutter, die ihn durch Liebe tyrannisierte, ihn nur stundenweise den Freunden gönnte, lebte er deren Schicksal mit, suchte zu helfen und zu schlichten, wobei er jedoch mit einer seltsam berührenden Vorsicht und Ängstlichkeit verfuhr, die aller kühnen Offenheit fernlag. Seine Schicksalsflucht ging so weit, daß er die verwickelsten Gründe erdachte, durch die er sein Tun und Lassen zu erklären suchte. Außerhalb dieser Umgehungen aber war er voller Wärme, und durch diese seine Liebesfähigkeit blieb er vor dem Verdorren des Herzens auf Kosten des Gehirns bewahrt, das so oft bei Gelehrten ungenährt von dem Saft des Zustroms aus der Natur erkaltet. Als trotz der breiten und weiten Entwicklung Simmels sein Geist Zickzackwege ging, da bedeutete er manchem seiner Freunde mehr durch seine treue Seele als durch seine gewundene Geistigkeit. Gewunden waren auch seine Bewegungen, die dem Gedanken wie bei einer Kreißenden, wenn sie das neue Leben entläßt, zum Dasein verhelfen sollten. Er galt für häßlich, doch war er es in der Ruhe eigentlich nicht, denn sein Schädel war wohl und sehr besonders geformt und die Stirn in ihrer Zerarbeitung fast schön, sein Auge klein, aber ungeheuer ausdrucksvoll. Die Nase war generell jüdisch, der Mund recht fein geformt, auch die Gestalt gut proportioniert. Aber die Natur hatte ihm sowohl das schöne Gleichgewicht der Bewegungen versagt als auch das der Ruhe, deren er nur selten fähig war, und zwar wenn er zuhörte, denn er war einer der besten Zuhörer, die ich kannte. Wirklich unschön waren nur seine mageren geäderten Hände, mit denen er allzu viel gestikulierte.

Je älter er wurde, desto mehr vertiefte sich seine immer strebende und allem Leben offene Persönlichkeit, die dann ihren edelsten und schönsten Ausdruck in den Abschiedsbriefen fand, die der Sterbende an seine Freunde schrieb, und die Zeugnis von einer Höhe sind, die nur den Seltensten unter den Sterblichen zu erreichen vergönnt ist.

In besonderer Art fühlte sich George von meinem Bruder Botho Graef angezogen, dessen edler Zauber und schöne Ehrfurcht, die der Musische aller echten Kunst zollte, ihn heraushoben aus der skeptisch-nüchternen Einstellung, die der Berliner für ein Zeichen von Verstand und Unbestechlichkeit hält. Botho war ein unersetzliches Glied jener untereinander Verbundenen, die den heiligen Schatz der Menschheit gegen die Angriffe der Toren verteidigen. Vor seinem kritischen Geist bestand keinerlei ästhetische Unvollkommenheit, während seine Duldsamkeit mit moralischen Mängeln sehr weit ging. Doch waren wir ein zu eng befreundetes Geschwisterpaar, als daß es mir gelingen könnte, ihn unbeteiligt zu schauen. Ich füge daher die folgende Schilderung seiner Persönlichkeit ein (Rudolf Borchardt, Deutsche Allgemeine Zeitung, 19. August 1928): „Die Universität besaß in herrschaftlichen und bestrickenden Figuren wie der des Archäologen Botho Graef, dessen hohe Gestalt mit dem schmerzlichen Spötterkopf aus einem Rahmen van Dycks niedergestiegen schien, und um dessen Tischgespräch eine glänzende Jugend sich drängte, Kräfte, mit denen, wenn auch nicht die Forschung selber, doch die sie nährende Idee lebendig wie sonst nur an den Stätten ältester Kultur, in Paris und Oxford, in die Gesellschaft hinüberwirkte." Als Vertraute und Mitwissende seines ganzen Lebens möchte ich hinzufügen, wieviel Güte und Hilfsbereitschaft in ihm lag, die Hand in Hand mit großen erzieherischen Fähigkeiten viel Segen stiftete, sich jedoch auch in Irrtümer verfing, wenn sie an Unwürdige verschwendet wurde, die durch diese Ermutigung sich in ihrem Gehenlassen, in ihrer Selbstüberschätzung bestärkt fühlten. Er aber huldigte dem berühmten Wort Th. Vischers: „Das Moralische versteht sich immer von selbst." Persönlich war er viel zu nobel, um in andern das Gemeine zu erkennen oder auch nur vorauszusetzen. Seine Anteilnahme galt vorwiegend jungen Männern, ausnahmsweise, wie zum Beispiel bei unseren Kindern beiden Geschlechtern. Nicht nur geistig beschäftigte er sich mit der heranwachsenden Jugend, sondern er war auch auf ihre körperliche Entwicklung bedacht, indem er mit ihnen ruderte und schwamm. Die Musikalischen unter ihnen wurden einer strengen Zucht unterzogen. Als ein Vielseitiger beglückte er nicht nur anspruchsvolle Hörer durch seinen schönen Gesang, sondern leitete später in Jena einen kleinen Bach-Chor zu anderer und eigener Freude. Im Jahre 1915 hatte sich Botho trotz seines schwer gefährdeten Herzens freiwillig im Krieg zur Verfügung gestellt, wurde aber nur in der Heimat verwendet. Seine jüngeren Freunde waren fast alle gefallen. Als dann aber auch sein Neffe Stefan Lepsius von der tödlichen Kugel getroffen starb, da ertrug er die Erschütterung nicht mehr und schloß als ein 59jähriger die Augen.

Am häufigsten erschien der damals ganz junge Gundolf bei uns, auf den George den entscheidenden Einfluß übte und über dessen Wesen Ehrfurcht und Unschuld lag, wodurch er – und nicht nur durch seinen Geist – einen unendlich schönen menschlichen Eindruck bot. Die Leichtigkeit, mit der er die Worte stellte und die Begriffe ordnete, war hinreißend. Noch war eigenste Methode, was dann oft Gewandtheit wurde, vielleicht weil der Befehl Georges sich der Genialität dieses Jünglings bediente, um durch ihn das zum Ausdruck bringen zu lassen, was in der Absicht seines wirkenden Willens lag. Erst als Gundolf sein Eigenstes sagte und verkündete, fiel diese Gewandtheit wieder von ihm ab und er wurde „Friedrich Gundolf".

Seine schöne Erscheinung bezauberte uns alle. Der klassisch geschnittene Kopf, umweht von dunklen Haaren, war getragen von einer Gestalt hohen und schlanken Wuchses, mit der er wie ein Herold durch das Leben schritt. Es geschah, daß ihm auf der Straße von Schulbuben nachgerufen wurde: „Da geht Schiller!" Bezeichnend für die Abwesenheit jeglicher Eitelkeit bei Gundolf war das Hinnehmen solcher Zurufe, indem er nämlich nicht hervorhob, der (unbegründet) schönen Vorstellung, die das deutsche Volk von Schiller hat, zu entsprechen, sondern die Schlußfolgerung daraus zog, daß Schiller populärer sei als Goethe, also beim Anblick eines Dichtertypus nicht dessen, sondern Schillers Name ausgerufen werde.

Einer der wertvollsten Briefe, die ich je empfing, stammt aus Gundolfs Feder. Es stand dieser Satz darin: „Ich kenne nichts Schöneres, als verehren zu dürfen". Der Schreiber des Briefes rückte uns für eine kurze Zeit etwas ferner, weil es uns nicht gelang, für alle Stufen seiner Entwicklung das volle Verständnis aufzubringen. Seine Neigung zum Aufklärertum, die allzugroße Ausschließlichkeit, mit der er den Blick nach Hellas wandte, ließ uns nur ungeduldig warten auf das Gleichgewicht, das sich bei dem jungen

Stürmer und Dränger wieder einstellen würde und das uns an dem Gereiften Bewunderung und Liebe entlockte.

Stefan George brachte auch seinen Freund Melchior Lechter zu uns, dessen Buchschmuck der Georgeschen Werke von uns in hohem Grade gewürdigt und geliebt wurde. Das Farbenwunder seiner Glasgemälde war doppelt wirksam durch die Beherrschung des Handwerks, das er mit seiner Kunst verband, und das in unserem Jahrhundert so selten geworden ist.

Erschütternd ist es, zu gewahren, wie hier ein wirklicher Meister der Zeit stillzustehen gebot. Angesichts seiner Kunst glaubt man sich zurückgezaubert in eines der alten Klöster, aus dem die herrlich geschmückten Handschriften hervorgehen. In einer Zeit, wo jede infantile Kritzelei schön gerahmt in staatlichen Sammlungen aufgehängt wird, kann man sich nicht wundern, daß eine so streng-esoterische, so im Tiefsten fromme Kunst, trotz ihres dürerhaften Ernstes fast totgeschwiegen wird.

Man hat gegen Lechters Kunst eingewendet, daß der Meister in seinen großen dekorativen Gemälden alle Errungenschaften der neuen Malerei ablehne oder nicht bemerkt habe, im Gegensatz zu Puvis de Chavannes, dessen Wandmalereien von Licht und Luft umflossen sind. In seinen kleinen und späteren Landschaftsbildern ist Melchior Lechter auch der andere Vorwurf nicht zu machen, daß seine meisterhafte Übung des mönchischen Kunsthandwerks allzusehr die Pinselführung seiner Tafelbilder bestimme. Meister Lechter findet innerhalb kleinerer Formate den unmittelbaren Ausdruck für lang und andächtig Beobachtetes.

Es lag damals in Lechters Wesen, im Verkehr mit Künstlern weniger zu lernen als zu lehren, wodurch ein gleichberechtigtes Zusammen gehen erschwert wurde. Doch ist Lechters innerer Reichtum und seine Bereitschaft, ihn zu verschwenden, so groß, daß

man aus dem Zusammensein mit dem Meister immer wie beschenkt hervorgeht.
Das Wissen um die Bedeutung der Musik verband uns zwar, doch auch hier neigte er für unser Gefühl zu sehr zum Proselytenmachen. Nur absichtslos kann man überzeugen, aber zu wünschen, durch eindringliches Überredenwollen einen Unüberzeugten zu einem Begeisterten der bevorzugten Komponisten umzuwandeln, ist nutzloses Unterfangen.
Melchior Lechter gleicht in seiner Erscheinung mehr einem Musiker als einem Maler. Er blickt nicht nur beobachtend, sondern seine Seele ist daran beteiligt. Bewegt er aber beim Sprechen seine Hände durch begleitende Gebärden, so weiß man, daß man es mit einem bildenden Künstler zu tun hat, denn selten liegt in anderen als Künstlerhänden eine solche Liebkosung der Form, soviel Adel ihrer Bildung und endlich solche unmittelbare Stromübertragung von Seele und Sinnen her.
Die Jahre stetig sich steigernder Freundschaft zwischen George und uns wurden begleitet von vielen geselligen Abenden, an denen er die Beteiligung damals noch nicht ablehnte. Er kam das folgende Jahr für mehrere Monate nach Berlin und brachte auch seinerseits seine Freunde und Anhänger in unser Haus, gleichviel ob er eine dauernde Beziehung zwischen uns schuf oder ob er sie nur zu einmaligem Besuch einführte, wie Cyril M. Scott, den kecken Burschen, oder wie Hugo von Hofmannsthal, den Schwebenden, und Ludwig Klages, dessen seelenlos kaltes Auge trotz seines ausgeprägten Gesichtsschnittes nicht anzog, und der sich damals in der ersten Strahlung des Georgeschen Ruhmes zu sonnen begann.
Richard Perls, dessen zartes Haupt einer schönen griechischen Gemme glich, tauchte wieder auf in einem beklagenswerten Zustand und letztem Stadium der Morphiumsucht, die, wenn sie

jemals erklärlich war, so hier bei dem jung von Schmerzen und Qualen Verfolgten. Er kam zu uns mit wirren Haaren, den Hut hatte er verloren. Träumend zeigte er auf eine Erscheinung, nur für ihn sichtbar und sprach leise: „Der blaue Kopf, der blaue Kopf ..." Er kam wie ein verlorener Sohn zu unserer Schwelle und wurde zwar liebevoll aufgenommen, aber es widerstrebte mir, mich ihm allzuviel zu widmen, weil ein neues Leben sich unter meinem Herzen zu regen begann, das Schonung für sich und mich forderte. Es wurde mir um so schwerer, die Gegenwart von Perls zu meiden, als George mir lächelnd verriet, daß der Kranke eine besondere Zuneigung zu mir habe. Es rührte mich unaussprechlich, wenn er meine Scheu ahnend flüsterte: „Ich bin ja ganz ungefährlich". Gottlob stand ihm treu und tröstend eine weibliche Seele bei, ein älteres, gütiges Mädchen, seine Braut, wie der Sterbende sie nannte, die ihn aus dem Leben liebevoll durch die Pforte des Abschieds in den Tod trug.
Eines Abends gedenke ich (es war der 3. Februar 1898), an dem George und Wolfskehl bei uns waren, um über unsere geplanten dramatischen Aufführungen zu sprechen, in deren Mittelpunkt zunächst Szenen aus Georges „Manuel", dann aber Wolfskehl gestellt wurde, dessen Drama „Saul" zur Aufführung kommen sollte. Der Versuch mißlang sowohl hier als auch später in Jena. Es schien, daß Wolfskehls Person nördlich der Mainlinie nicht zündete; er bedeutete in München nicht nur den Mittelpunkt des George-Kreises, sondern des geistigen München überhaupt. Sein warmes Herz, unterstützt durch bevorzugte Verhältnisse, ermöglichte es ihm, Hort und Zuflucht für alle Suchenden zu sein. Seine Frau, die von George besungene Hanna, die ihm als Seele und Freundin Unentbehrliche, wußte der Stimmung des Hauses das zu verleihen, was nur die Hand einer solch echten

Frau und zugleich einer so unbürgerlichen Psyche schenken kann. Wolfskehls Opferfähigkeit und Hingebung für George ging ins Grenzenlose. Karl und Hanna Wolfskehl legten ihm ihr Haus zu Füßen, das sie ganz nach den Wünschen des Meisters gestalteten. Trotzdem aber war Wolfskehl einer der Seltenen, die auch George gegenüber ihre geistige Eigenart bewahrten und nicht, wie selbst Gundolf, trotz hervorragendster Anlagen, durch allzugroße Jugend eine Zeitlang Gefahr lief, ihre Selbständigkeit einbüßten. Wie konnten auch solche Geister sich bevormunden lassen! Karl Wolfskehl ist ein Beispiel dafür, wie oft die lebendige Rede das Hundertfache an Weisheit und wie der aus dem Augenblick geborene Gedanke das Hundertfache an Anregung zu geben weiß, im Vergleich mit dem gedruckten Werk. Dies gilt jedoch nicht nur im Vergleich seiner eigenen sprühenden Geistigkeit mit seinen geschriebenen Sätzen, sondern auch im Vergleich mit den vielen geist- und philosophiegetränkten Büchern, die in jener Zeit erschienen. Sie können sich meist nicht messen mit einem einzigen Satz von Wolfskehl, in den er ein Höchstmaß von Erkenntnis hineinzupressen imstand ist. Im Zimmer auf und ab gehend offenbarte er seine geistige Welt vor der verstummenden Bewunderung derer, die ihm lauschten. Während des Sprechens steht ihm ein Weltbild vor Augen, von einer Größe, Weite und Farbigkeit, wie niemandem sonst. Er greift in die Zeit und hebt mit herrischer Sicherheit ein halbes Jahrtausend, an dem er Gegenwart, Vergangenheit und Zukunft erläutert. Sarkasmus liegt ihm ferne, worin er sich von Gundolf, dem Würzigen, der manche Ähnlichkeit mit ihm hatte, unterscheidet; doch ist er bereit, Bosheit bei anderen zu entschuldigen, wie überhaupt jede Versündigung, außer der gegen den heiligen Geist, weil er nicht das kennt, was man mit „sittlicher Entrüstung" bezeichnet. Man nannte ihn in München den „Dionysos des Kreises" oder auch den „Zeus von Schwabing".

Die dramatischen Versuche scheiterten also vollständig, wie es ja aus dem Sinn und Wesen Georgescher Kunst betrachtet damals noch selbstverständlich sein mußte. Wir lasen auch lange Hugo von Hofmannsthal, lasen Hölderlin und, wie schon erwähnt, Georges „Manuel". In der Rolle, die mir dabei zuerteilt wurde, bemühte ich mich, wenn auch in weiblicher Übertragung in Stefan Georges Art zu lesen. Denn, wer einmal diese neue Form, Verse zu sprechen, in sich aufgenommen hat, muß sie für endgültig halten. Wer sollte, nachdem er hier eingedrungen, sich mit dem falschen Pathos und der früheren Betonung begnügen, dem Auf und Ab der Stimme, das sich nicht scheut, sogar innerhalb eines einzigen Wortes die Tonlage je nach Silbenzahl drei- bis viermal zu wechseln? An jenem Abend blickten wir nicht tief genug; es wollte sich nicht die Stimmung entwickeln, welche unverkennbar die ergreift, die vorbereiten, was später einmal von großer Wirkung sein wird. In meiner Unschuld schob ich es auf Zufälligkeiten, wenn die brodelnde Erregung sich versagte. Aber eine frohe Laune, die wenigstens diesen Abend nicht verlorengehen ließ, erfüllte uns. Unsere berühmte Verkleidungstruhe mit den ägyptischen Gewändern, die Reinholds Vater, der Ägyptologe, und mit den phantastischen türkischen Stickereien, die mein Vater, der Maler Gustav Graef hinterlassen hatte, wurde geöffnet, und die Freunde fügten sich meiner Freude am Verkleiden. Wolfskehl schlang ich ein breites Silberband um den Kopf, steckte ihm Lorbeerzweige an die Schläfen, so daß er in einem weißen Gewand einen wundervollen Anblick bot. George aber wand ich ein Tuch um das Haupt wie es Dante getragen, dazu ein türkisches Gewand, eine Wirkung,

die seine danteske Gestalt fast unheimlich wie einen Revenant erscheinen ließ, vor der er selbst, als wir ihn vor den Spiegel nötigten, erschrocken verstummte.
An einem späteren Abend entzückten ihn zwei Gestalten, von denen die eine, eine junge Halbgriechin, Polyxenie, von Natur einer Mignon zu gleichen schien, aber durch Verkleidung und Mandoline ganz dazu gewandelt wurde. Die andere Gestalt war der damals 17jährige Karl Gustav Vollmöller, dessen hellgoldene Haare mich dazu reizten, ihm einen Rosenkranz aufzudrücken. Solche Einfälle, die meiner harmlos künstlerischen Freude an der Schönheit entsprangen, gefielen dem Freund. Trotzdem meinte George bei einem Gespräch über Geselligkeit in Norddeutschland, daß die Distinktion ein ausgesprochen norddeutscher Begriff und auch bei mir zu wenig Anerkennung des Naiven vorhanden sei, wie man es in Süddeutschland oft findet.
In diesem Zusammenhang ist auch von großer Bedeutung Georges Erklärung, das Bohèmetum zweier junger Leute, die damals oft bei uns erschienen, „gar nicht zu ertragen". Es schrecke ihn darin ganz stark etwas ab, was er selbst nicht wisse. Der Begabteste der beiden führte nicht nur ein oft zuchtloses Leben, sondern verkaufte auch sein Talent, in dem er sich den Instinkten der Allzuvielen anpaßte. Als eine Stimme laut wurde, die begütigend meinte: „Was soll er tun, wenn er nichts zu essen hat?" da beglückte uns George durch das endgültige Wort: „Das sagt jeder Einbrecher auch".
Am 18. Februar 1898 erschien George zu einem ganz langen Abschiedsbesuch, bei dem er versprach, im folgenden Herbst wiederzukommen, damit wir dann viel ernsthafter unsere dramatischen Versuche in Angriff nehmen könnten. Meinen Vorschlag, ihn im nächsten Herbst zu malen, begrüßte er mit Freuden und

meinte, es gäbe ein Stadium menschlicher Beziehungen, das nach gemeinsamer Beschäftigung verlange oder nach einer Reise, die eine neue Umwelt schafft für gemeinsames Erleben.

An diesem Abend sprach er noch von der Zeit, als er ganz jung in Berlin, ehe er zu uns kam, kaum einen Menschen kannte, „außer Einer, und die war meine Welt!" Als wir ergriffen schwiegen, fuhr er fort: „Schön, nicht wahr, wenn man das noch von einem Menschen sagen kann". Viel später erst erfuhr ich, ohne zu forschen, wer diese wunderbare Frau „Isi" gewesen war.

In den Herbst 1898 fielen die Porträtsitzungen, die Stefan George mir gönnte. Ich hatte ein Riesenbild entworfen in Form eines Tryptichons, auf welchem in der Mitte George in ganzer Figur saß, hinter ihm Architektur, die der Villa Aldobrandini in Rom glich. Die beiden Felder rechts und links waren ausgefüllt mit nackten musizierenden Knaben und harferührenden weiblichen Gestalten. George meinte damals, die Epheben sollten lieber die Flöte spielen, statt der Geige; doch konnte ich ihm die Vorstellung des Vibrierens der Violine, mit der ich so vertraut war, nicht opfern.

Diese unvollendete Arbeit entstand in einem kahlen Atelier außerhalb unserer Wohnung, in dem sich nur eine Staffelei, ein Maltritt und einige Stühle befanden. George erschien zu den Sitzungen mit größter Pünktlichkeit und unterzog sich den Pflichten des Modells mit beschämender Geduld. In der Pause erklärte er plötzlich, eine Viertelstunde schlafen zu müssen, da er Frühaufsteher sei und ihn infolgedessen der Schlaf gelegentlich bei Tag überwältige. Ich konnte ihm nur eine Decke auf den Fußboden legen, einen Mantel über ihn breiten und mich ganz still verhalten. Nach wenigen Minuten schlief er fest. Er lag da wie ein schlafender Ritter. Das Pathos eines Monumentes umgab ihn, alles Zufällige des Lebens war gebannt, der Schlafende schien über sich selbst hinausgehoben.

Mit Muße konnte ich, noch ungehinderter als im Wachen, die Bildung dieses edlen Hauptes studieren: die über den Brauen löwenartig hervorgebeulte Stirn flieht zurück gegen den dichten Haaransatz. Die Ohren sind gut geformt. Das Jochbein tritt stark hervor, ebenso die hagere Kinnlade. Die Nase ist asymmetrisch, jedoch im Profil von schöner Linie. Die Lippen schmal, die Unterlippe etwas hervorgeschoben trotz des normalen Gebisses.

Die Augen, die weniger „zum Sehen geboren", als „zum Schauen bestellt" sind, liegen tief in den Höhlen und spielen scheinbar die geringste Rolle in dieser Physiognomie, wie oft bei Musikfernen. Aus einer unbewußten Schonung für sein Gegenüber mag George sein Blicken dämpfen, wie der Löwe die Kralle einzieht. Trotzdem aber sind die Augen, gerade weil sie mehr nach innen als nach außen schauen, beteiligt an den unendlichen Ausdrucksmöglichkeiten dieses Kopfes, an dem es kein Beiwerk gibt, sondern jeder Muskel, jede Linie durchgeistigt ist.

Die Eindringlichkeit des Ausdrucks verteilt sich über das ganze Gesicht und ruft Bewegungen zu Hilfe, wie Schütteln der reichen braunen Haare, unverhohlenes oder spöttisch zurückgehaltenes Lachen. Dies alles ersetzt die mangelnde Wärme und Fülle des Blickens. Die Gestalt ist auch asymmetrisch und hat nur die Aufgabe, den Kopf zu tragen. Die Hände, wenn sie nicht eine Zigarette halten, auf der sie gern ein Weihrauchkörnchen glimmen lassen, ruhen meist still, sind herbe und wohlgebildet. Nirgends ein Weichliches.

Als er erwachte, erklärte er sich bereit, wieder gemalt zu werden. Er hatte recht gehabt, zu wünschen, daß eine gemeinsame Arbeit von uns unternommen würde.

Zu der Dezember 1904 anberaumten Lesung wurden Einladungskarten verschickt, die mir George zuvor im Entwurf unterbreitete. Ich fand sie schön und würdig, und es fiel mir weiter nicht auf, daß mein Musikzimmer, mein Atelier und mein Wohnzimmer als „Räume des Reinhold Lepsius" bezeichnet wurden, die sich ja außerhalb unserer Wohnung in der Kurfürstenstraße 126 befanden. Erst heute nehme ich diese Karte wieder in die Hand und muß lächeln über ihre männerbündlerische Fassung.
Das Beisammensein in anderer Landschaft sollte uns nun auch bald gewährt werden:
Es war im folgenden Sommer, daß ich mit meinen beiden ältesten Kindern Monica und Stefan nach Darmstadt in das Haus des ältesten Bruders von Reinhold, Richard Lepsius und seiner wundervollen Frau, der Tochter von Ernst Curtius, eingeladen wurde; sie trug eine Welt von Kultur und hoher Geistigkeit in sich. Diese Welt erlebte ich bis in Doras und mein Alter hinein bei jedem Wiedersehen mit derselben Hingerissenheit. Doch jenes erste Mal war ich besonders empfänglich für ihr Liebe ausstrahlendes Wesen, da ich mich in jener mütterlichen Verfassung befand, die sich mit Vorliebe harmonischen und wohltuenden Eindrücken überläßt.
Dort, so nahe seiner Geburtsstadt, besuchte mich George von Bingen aus. Wenn auch nur auf einen Tag hier in Darmstadt, aber wie tat es wohl, dem stetigen, dem planvollen Manne zu begegnen. Wir unternahmen zu zweien einen Spaziergang auf dem Herrgottsberg. Die Gespräche sind meiner Erinnerung völlig entfallen, weil ein anderer stärkerer Eindruck als Worte mich packte, der unvergessen bleibt: ich hatte Stefan George noch niemals in der Natur erlebt, in der ich nun in völliger Einsamkeit mit ihm wandelte. Eine plötzliche, unheimliche, ich möchte fast sagen böse

Wirkung ging von ihm aus, die mich ihn als unmenschlich empfinden ließ. Müdigkeit vorschützend drängte ich zum Rückweg, weil Furcht mich erregte und von ihm forttrieb.

Er gehörte nicht zu dieser idyllischen Natur. Der gelbe Ginster, der in Blüte stand und einen Hügel wie vergoldet erscheinen ließ, entzückte mich und ich sah fragend nach dem Freunde, der unbekümmert um die Herrlichkeit des Sommers, wie ein gefährlicher Dämon neben mir herging. Für ihn gab es kein Idyll. Ich hörte nicht den Aufschrei des Städters, wenn er die Mauern hinter sich läßt, in seinem Herzen: im „Hornungsschein" geboren, mochten grausame Mächte in seinem Innern hausen. Zu Hause angelangt, wurde uns der kleine Stefan entgegengetragen, dem George sich zutraulich nahte, worauf das Kind eine solche Todesangst befiel, daß man es nur schnell unter lautem Gekreisch wieder fortbringen mußte. Es war dies nicht die Furcht des kleinen Kindes wie vor allen fremden Gesichtern, denn der kleine Stefan war doch schon so groß, daß er dachte und sprach.

Dieser Szene folgte dann das Einpflanzen eines jungen Baumes, wie es statt des Einschreibens in ein Gastbuch in dieser Familie Sitte war. Zum drittenmal erfaßte mich geheimes Grauen, als der Bleiche mit ungewohntem Arm den Spaten regierte. Wieder fehlte mir in seiner Beziehung zur Natur die Unschuld. Er grub nicht wie ein Gärtner, er grub wie ein Schatzgräber.

Einige Tage später besuchte ich Stefan George in Bingen in Begleitung meiner jungen schönen Nichte Eva Lepsius. Sein Elternhaus, aus starken Steinen erbaut, war grau und düster, und es lag etwas Freudloses darüber, was sich mir mitteilte, obgleich ich damals noch nicht wußte, wie asketisch die Mutter, eine strenggläubige Katholikin, dieses Haus verwaltet hatte, die ihren Kindern jede Zärtlichkeit verwehrend ihnen sogar verbot, sie zu küssen.

Sie war eine herbe, opferbereite Mutter, die zum Beispiel ihre drei Kinder umschichtig täglich den Berg herauf in die Sonne trug, die ihnen nach überstandener Krankheit Heilung bringen sollte. Der Eindruck dieser Häuslichkeit, die in mir Erinnerungen an Herrnhuter Atmosphäre erweckte, war mir als Umwelt Georges unerwartet. Er selbst hatte auffallende Ähnlichkeit mit dem Typus bretonischer Bauern und überdies eine verwandte Art mit ihnen, sich zu schmücken; es lag um seinen Hals eine Uhrkette, aus langem Frauenhaar geflochten, mit einer goldenen Verzierung, auf dem Kopf trug er eine baskische Kappe. Später erfuhr ich, daß seine Vorfahren Weinbauern gewesen waren. Er erzählte mir einmal von der Großzügigkeit seines Vaters, der, obwohl selbst Weinbergbesitzer und auf Erwerb eingestellt, diesem Sohn den Weg ebnete, dessen Wert er nur ahnen konnte, ohne ihn zum Verdienen anzufeuern, ohne von ihm zu fordern. „Das nenne ich göttlich!" rief George und schüttelte bewundernd sein Haupt. Er sprach zu Hause mit seiner Schwester meist Französisch und wurde von ihr Etienne genannt. Da er sie sehr lieb hatte, war er freundlich mit ihr, obschon er drastische Bemerkungen nicht scheute, so zum Beispiel wenn er zu ihr sagte: „Weil du gut kochen kannst, wirst du vielleicht nochmal eine Rolle in meinem Leben spiele."

Auf diesen Sommer folgte ein Herbst, in dem unsere Tochter Sabine geboren wurde, die einen neuen und süßen Klang in mein Leben brachte.

Drei Wochen nach ihrer Geburt trat George mit dem Vorschlag an mich heran, wieder eine Lesung bei uns zu veranstalten, worauf ich gerne einging und sie mit derselben Liebe und Sorgfalt vorbereitete, wie jene erste. Ich durfte nicht zögern, ließ es vielmehr bei diesem eiligen Zeitpunkt, weil ich die Vorahnung eines

Nervenzusammenbruchs von Reinhold hatte, die sich dann auch bewahrheitete. Eine tiefe Melancholie kam über ihn, zunächst nur für mich erkennbar. Im stillen hoffte ich, daß ein Abend mit starken dichterischen Eindrücken ihn aus der Welt der Schmerzen in die schöne Wirklichkeit rufen würde. So merkte ich mehr auf ihn als auf alles andere, denn ich war selbst nur wie ein Gast auf kurze Zeit in meinen eigenen Räumen erschienen, da die Lesung gerade zu derselben Stunde anberaumt war, in der ich meine kleine Sabine stillte.

Freilich gestehe ich, daß die Poesie dieses Zimmers mit den Kinderbettchen, aus denen mich erstaunte, unendlich schöne und gläubige Augen ansahen, zwar eine andere, aber keine geringere war als jene, die sich währenddessen in den halberhellten Wohnräumen zu starkem Wirken entfaltete. Nicht mit dem Ressentiment eines zu kurz kommenden Schöngeistes verließ ich die Versammlung, sondern als gehörte jedes Wort und jeder Vers auch in den heimlich-dämmrigen Raum, den ich nun betrat, eine Gegenwart, die von keinem Dichter der Welt vollkommner und phantastischer erdacht werden konnte. Von Zeit zu Zeit näherten sich leise Schritte meiner Tür: „Kommst du nicht bald?" Aber ich konnte es Reinhold nur sanft verneinen, denn gab es etwas Wichtigeres in der Welt als diese Stunde, in der ich dem kleinen Sabinchen ganz allein gehörte und wäre es denkbar gewesen, sie durch Eile oder Ungeduld zu verkürzen oder auch nur minder wohlig zu gestalten? Reinhold Lepsius ließ mich verständnisvoll gewähren und ging allein zurück in den Raum mit den brennenden Kerzen und den brennenden Worten. Und doch, wenn die kleine Sabine mich entließ, wie lauschte ich dem Sprechenden. Wie war ich ganz Andacht und wie grub sich der Anblick dieser gewaltigen Züge in mein Auge und meine Seele.

Der Kampf mit dem Engel aus dem „Teppich des Lebens" ergriff uns tiefer, als wir je vorher ergriffen worden waren und stand vor uns als eine unerbittliche Forderung, wie das Schwingen einer Fahne, der nicht zu folgen wie Verrat war.

Drei Monate später aber wurde Reinhold Lepsius schwer nervenkrank und wir mußten das kleinste Kind mit seiner Wärterin in Obhut bei meiner hilfreichen Freundin Lili du Bois-Reymond lassen, während wir mit Monica und Stefan ein Vierteljahr in der Schweiz zubrachten, was zu schneller Heilung führte. So erstand nach langer Unterbrechung in der zweiten Hälfte des Winters wieder unsere gesellige Runde, welche bald durch die Wiederkehr Stefan Georges gekrönt wurde.

Sein Ruhm fing nun an, sich von Jahr zu Jahr mehr zu verbreiten. Man glaubte uns zu huldigen, indem man, bevor wir in einer Gesellschaft erschienen, einen Band George auf den Tisch des Salons legte. Herr von Tschudi zum Beispiel, der damalige Direktor der Nationalgalerie, der gewiß keine große Neigung verspürte, Gedichte zu lesen, beteiligte sich an diesem Snobismus wie viele andere auch, und man begann, an George zu glauben, vorerst ohne ihn zu verstehen.

Eine wirkliche Genugtuung war es für Reinhold Lepsius, den damals schon alternden Dilthey, mit dem er befreundet war, in die Welt Georges einführen zu dürfen. Der feine und tiefe Gelehrte ließ sich willig führen und eine Strecke seines Weges weiterleuchten, auf dem er sich ohne diese Deutung nicht mehr allein zurechtgefunden haben würde. Wir veranstalteten einen Abend, an dem wir George mit Dilthey und unserm Westender Nachbarn Gustav Roethe zusammen einluden. Aus einer tieferen Einsicht lockte ich die Frauen in ein Nebenzimmer, wo ich so gut wie möglich für ihre Unterhaltung sorgte, während von dem

Viermännergespräch nur der Lärm, der bei leidenschaftlichen Naturen durch Weltanschauungsgespräche ausgelöst wird, zu mir drang. Dilthey gehörte zu jenen, die mit angehaltenem Atem den Kunstgesprächen von Reinhold Lepsius lauschten. Dieser war glücklich, als Dilthey ihm erzählte, daß er sein Alter einer „Geschichte des deutschen Geistes" widmen werde, die von Leibniz bis zu Stefan George führen sollte. Wenn sie dermaleinst vielleicht als Fragment erscheinen wird, werde ich nach den Worten forschen, die Dilthey über Bach gesprochen hat, als ich ihm etliche Kantaten oder auch die H-Moll-Messe am Klavier interpretieren durfte, zu welchem Dienst ich hier und da zu dem Gelehrten gebeten wurde.

Es ist soviel Kluges, Geistreiches und Wichtiges, leider auch Überflüssiges über Georges Werk gesagt worden, daß hier keine Deutungen erstrebt werden sollen, und nur von seiner Person und seiner Art, sich zu geben, gesprochen werden kann.

Doch muß einmal erzählt werden, daß, nachdem auf Reinhold Lepsius die Dichtung Stefan Georges so plötzlich und stark gewirkt hatte, von mir der Weg sehr langsam zurückgelegt wurde. Es dauerte lange, bis ich den Eintritt in diese Welt fand, dann aber umgab sie mich mit jener Schwere, die ihr und ebenso denen eigen ist, die nur wenig aufzunehmen imstande sind.

Wer nur mit Verstand und Kunstgefühl liest, der kann freilich Völlerei treiben; wer aber ein Gedicht als die Verwandlung des persönlichen Erlebnisses zum überpersönlichen Kunstwerk, dem Dichter nachlebend, gleichsam zu eigener Angelegenheit macht, der muß sich vor der Wucht seines Miterlebens schützen durch sparsames Aufnehmen, sonst würde er zum Gefühlsschwelger.

Das erste Gedicht, das mich der Georgeschen Kunst gewann, war „Der Herr der Insel"; als erstes ist es mir zur Offenbarung

geworden und trug für mich den Schlüssel des Verstehens zu Georges Dichtung überhaupt in sich. Ich sagte es oft vor mich hin, bis es eines Tages zum Lied wurde, das ich dem Freunde vorsang. Da er damals die Musik noch nicht auf den Index gesetzt hatte, so freute es ihn – wie er überhaupt kein Ärgernis an meiner Musikliebe nahm und willig lauschte, wenn mir Bach, Schubert und Chopin durch die Finger glitt.
Im Laufe der Zeit hatten Reinhold Lepsius und ich unsere Berliner Wohnung halb aufgegeben und ein etwas primitives Haus in Westend, das uns zunächst nur als Sommerwohnung diente, erwählt. Es war von einem sehr großen und unbeschreiblich schönen und wilden Garten umgeben.
Die kahle Werkstatt, in der ich einst Stefan George gemalt hatte, verwandelte sich in mein Schüleratelier, während mein Arbeitsraum nunmehr neben dem im Westen Berlins gelegenen Atelier von Reinhold Lepsius aufgeschlagen wurde, da es durch die Berufung meines Bruders Botho an die Universität Jena, der die Räume bis dahin innehatte, frei wurde.
Dorthin legte ich täglich, wenn auch mit Unterbrechungen, den gemeinsamen Weg mit Reinhold Lepsius zurück. Ich wußte mit Bestimmtheit, daß ein Garten, in dem die Kinder aufwuchsen, ihnen unersetzlicher und bestimmender für das ganze Leben sein würde, als die ununterbrochene Fürsorge der Mutter, um so mehr als ich auf das zuverlässigste und anmutigste von unserer lieben „Haya" vertreten war, die durch angeborene Fähigkeit, Kinder zu hüten und zu leiten, eine geradezu ideale Kinderstube schuf.
Es ergab sich nun, daß George in diesem Herbst unser Gast war. Im Erdgeschoß unseres Hauses lagen Wohn- und Speisezimmer und daneben das Gastzimmer, dessen Fenster sich nach Osten in den herbstlichen Garten öffneten.

Westend war noch ein unentdeckter Vorort Berlins. Es führten keine Fahrverbindungen dorthin, der Wald lag unserem Haus gegenüber und war auch die Natur karg, der Boden sandig, so war es eben doch Natur, und die Abendsonne stand über den Kiefern brennend rot. Im Sand wuchsen Skabiosen. Die verwilderten Gärten aber waren im Frühling der Zufluchtsort der Nachtigallen.

Eine längere Pause in meiner Arbeit ermöglichte es mir, statt vormittags nach Berlin hereinzufahren, Waldspaziergänge mit George zu unternehmen, bei denen uns die beiden ältesten Kinder begleiteten.

Mochten die Kinder im Hause auch oft dadurch störend wirken, daß ich ihnen niemals verwehrte, in dem Raum zu erscheinen, in dem ich mich gerade aufhielt, – denn ich trug es wie ein Gesetz in mir, daß eine Mutter in jedem Augenblick ihren Kindern erreichbar sein müsse, – so gaben sie doch in dieser gefahrlosen Natur keinen Anlaß, sie als allzu störend zu empfinden, vielmehr konnten wir uns lange und eindringlich, ja völlig unbehindert unterhalten.

Es war zum erstenmal, daß unsere Gespräche ein durchaus persönliches Gepräge trugen und wir uns von unserer frühen Jugend erzählten.

Wenn ich hiervon nur Weniges und Spärliches wiederholen werde, so liegt es nicht an einem Aussetzen meiner Erinnerungen, sondern an meiner Überzeugung, daß die Weihe persönlicher Bekenntnisse, wie sie nur in seltener Stunde zwischen zwei Menschen sich ereignen, nicht durch Preisgabe vor fremdem Ohr gefährdet werden darf.

Ein Dichter wie George, der sich in seinen Werken so völlig bekennt, sein Herz und Leben verrät, mußte den Anspruch

auf das Verschweigen alles dessen stellen, was er nicht aus eigenem Entschluß offenbarte. Wie tat es wohl, einander zu verstehen und wie lockte das Verstandensein zur Beichte dessen, was wir Jugend nennen, das uns aber noch im Alter erschüttert, wenn wir es nur in Gedanken leise berühren, wieviel mehr in diesem Herbst, wo wir noch jung, noch jenen Frühlingen des Lebens nahe waren. Die Kraft der Leidenschaft, die in uns beiden lag, war einander so ähnlich, daß wir es mit Staunen wahrnahmen und uns unterschieden wußten von den vielen matten empfindungsschwachen Menschen, von den Lauen.
Wir sagten einander vieles und diese Stimmung wurde von ihm in dem Gedicht AN SABINE im VII. Ring eingefangen und gebannt, jedoch lernte ich diese Verse erst sehr viel später kennen, als sie entstanden.

> Das farbenlaub umschlang die sage
> Von manchem weh des sommerbrands
> Als eine reife süsse klage ..
> Und unsre wünsche pochten minder
> Bei glück und träne schöner kinder –
> So waren alle diese tage
> Von blum und frucht ein duftiger kranz.

George, der uns sonst seine Gedichtbände persönlich in die Hand gelegt hatte, schickte mir den VII. Ring durch Gundolf, der nach wenigen Tagen wiederkam, um mich zu fragen, ob ich schon in dem Buche geblättert hätte, was ich verneinte, weil ich nicht geblättert, sondern der Reihe nach Gedicht für Gedicht gelesen hatte, aber noch nicht zu den Strophen „An Sabine" gelangt war, auf die ich erst gewiesen werden mußte.
In diesen Tagen muß es gewesen sein, daß George mir auch

von der Zeit sprach, wo er – jung und im Leben sich schwer zurechttastend – Schreiberdienste in München getan hatte. Noch nachträglich erregte es ihn, zu denken, wohin der Kampf ums Brot ihn eine kurze Zeit lang trieb, bis sein Vater, der nur ahnend begriff, daß dieser Sohn vor solcher Arbeit geschützt werden müsse, für ihn sorgte.

Eines jener Wege erinnere ich mich, auf dem er mir seine Bedenken gegen den Protestantismus und gegen Luther offenbarte. Das Urchristentum, solange es noch heidnische Elemente barg, war ihm nahe. Man könnte jene christliche Kirche in Rom, die auf antiken Tempelresten aufgebaut ist, „Santa Maria sopra Minerva" als Symbol seines Standpunktes anführen. Auch belehrte er mich, daß der „Bürger" abgelehnt werden muß, weil damit der Typus des Menschen gemeint ist, der weder für eine Idee, noch für Gott lebt, sondern nur für den Zweck und den Nestegoismus. Erst durch die Aufhebung des Zölibats der Priester habe sich der geistige Mensch seiner von den Bindungen der Familie und des Erwerbslebens gelösten Führerstellung begeben.

George sprach gern von der „Perversion des Bürgers", eine Formulierung, deren ich zu ungezählten Malen gedenken mußte; nicht nur, wenn ich vor Schaufenstern über die Ansammlung von Gegenständen staunte, die aus Irrenhäusern entsprungen schienen, und die man gelegentlich in der Wohnung von besagten Bürgern wiederfand, sondern auch angesichts der Sitten und Gewohnheiten, der „Weltanschauung" des Bürgers. Er hat eine angeborene Abneigung gegen großen Stil und Originalität, alle Sehnsucht nach dem Unerreichbaren tut er ab, sein enger Horizont macht ihn unempfänglich für die größten menschlichen Werte, im besten Falle würdigt er die Kunst vergangener Zeiten, hingegen den lebenden Künstler hungert er als einen Durch-

brecher bürgerlicher Ordnung ohne weiteres aus. Zum Schluß dieses Gesprächs brach George mit der kühnen Behauptung hervor, daß die großen Wirkungen in der Welt nur vom Wahnsinn (Mania) Einzelner ausgehen. Als ich ihn fragend ansah, sagte er: „,Liebet eure Feinde' – ist das nicht Wahnsinn?"
Damals war jedes unserer Gespräche wie Bekenntnis. So wahr, so ganz sein zu dürfen, wie ich innerlich geschaffen bin, ist mir sonst nie im Leben vergönnt gewesen; fast immer mußte ich eine Seite meines Wesens zurückhalten, weil die Vielfältigkeit nicht erfaßt wurde, sondern nur ein Profil meiner inneren Gestalt erwünscht war, während die andere Seite abgelehnt wurde. Endlich sollte es mir beschieden sein, endlich nicht nur wie ein auf der Fläche gemaltes Bild erscheinen zu müssen, sondern wirklich allseitig und vielseitig. Alles durfte ich eingestehen und nirgends Verdammnis, wenn ich ihm die Leidenschaftsfähigkeit meiner Jugend bekannte. Nirgends wurde mir das armselige „zu stark" zugerufen. Einmal wandte er sich zu mir und sagte: „Wir sind uns doch ähnlicher als man es meine sollte".
Die übergeschlechtliche Liebe Platos, Dantes und Shakespeares wurde in unseren Gesprächen berührt – die Liebe, die nicht abhängig ist vom Sexus, weil sie nicht ihm gilt, sondern dem ganzen Menschen, dessen Geist, Seele und Leib liebenswert ist, gleichviel welcher Gestalt. Wir kamen darin überein, daß je entwickelter der Mensch ist, desto tiefer er zur Liebe sonder Zweck und Ziel geneigt sein wird.
Ich wagte es nun auch, ihm einige meiner Gedichte zu zeigen. Er saß in seinem Zimmer am Schreibtisch, und ich legte zaghaft Verse vor ihn hin. Er las, legte das Blatt nieder, küßte mir lebhaft die Hand, dann wiederholte er laut das Gelesene. Es gefiel ihm, darum wagte ich, ihm noch mehr zu zeigen, auch die an ihn ge-

richteten Verse. Er wollte wissen, wann sie entstanden seien. „Als Sie das erstemal bei uns gelesen hatten." „So lang ist das schon her?"...
Zu den Gedichten an meine Kinder bemerkte er, daß sie ihn an die Verse einer französischen Dichterin Marcelline Desbordes-Valmore erinnerten. Seiner Aufforderung folgend, überließ ich ihm den größten Teil meiner Gedichte, die er mir eine Zeitlang vorenthielt. Auf meinen Wunsch, sie zurückzuerhalten, bekam ich einen mich beglückenden Brief.
Das Beisammensein mit George löste die denkbar vielseitigsten Stimmungen und Situationen aus und führte natürlich auch zu gemeinsamem Tun. So wurde eines Tages ein Faß leichten Weines herangerollt, das Reinhold am Rhein bestellt hatte, dem wir aber etwas ratlos gegenüberstanden. Aus meiner Kindheit erinnerte ich mich, daß mein Vater in solchen Fällen einen Küfer kommen ließ und erwog nun vor unserm Gast diese Notwendigkeit.
„Ei, da brauche Sie gar keinen Küfer komme zu lassen, das versteh ich grad so gut und Sie könne es von mir lerne." Den nächsten Tag stiegen wir zusammen in den Keller, spülten Flaschen, stachen das Faß an, daß es eine Lust war!
George zog seinen Rock aus, ich band ihm eine grüne Gärtnerschürze vor, und nun arbeiteten wir viele Stunden zusammen im Keller; er kräftig anfassend, voller Sachkenntnis. Dazwischen wurde gekostet, wobei er mich vor dem Duft des Weines warnte, der allzusehr berauscht. Dann ging es ans Korken, und alles wurde wieder in Ordnung gebracht, die Flaschen verwahrt, wie es sein soll.
Meine Tochter Monica, damals sieben- oder achtjährig, stand staunend vor diesem Bild, das sich ihr unauslöschlich einprägte.
Unser kleines Haus war als Sommerwohnung gedacht – dünn gebaut und der Kälte nicht gewachsen; wenn der Wind es um-

Sie bedachten zu wenig in unsrer vorigen unterhaltung-verehrte freundin- dass es zum schwierigsten gehört: zu den zarten flüsterungen und den vulkanischen ausbrüchen einer verwandten seele diesica in langer freundschaft geöffnet hat sogleich fertige urteilsworte zu finden wenn sie mit einer ganz andern art der eröffnung spät und plötzlich kommt — wollen Sie eine anerkennung dass Sie überhaupt solche lang-verborgenen blumen gezeigt haben?.. genügtes Ihnen zu wissen dass sie zum grössten teil verdienten unter den Blätter f.v. Kunst verflüchtet zu werden?...

heulte, wurde man bis in die Seele hinein durchweht. Die westlichere Heimat Georges machte ihn empfindlicher gegen die Herbststürme, wie er überhaupt den Sturm haßte. Trotzdem feierten wir noch manch geselligen Abend am flackernden Kaminfeuer, das bei heruntergelassenen Läden und heißem Tee uns die Wärme ersetzte, die uns der leichte Bau der Hausmauern verwehrte.

Simmels und Gertrud Ka. waren nach Westend gezogen. Gundolf brachte viele Abende bei uns zu. Zwar war alles Sorgende und Hütende äußerlich und innerlich Erwärmende mein Werk, doch nannte ich dieses Fundament aller Geselligkeit gerne den Leuchtturm am öden Meer, der dunkel und wertlos gewesen wäre, wenn nicht darauf die Leuchte – der Geist von Reinhold Lepsius fernhin gestrahlt hätte.

George sprach nicht sehr viel und dennoch war er ganz und gar Mittelpunkt, kein Wort entging ihm; er nahm feurig Partei für und wider, lachte herzhaft über gute Witze, an denen es in unserem Kreise nie fehlte. Alles Gesagte wurde gleichsam ihm unterbreitet, auch wenn die Rede nicht unmittelbar ihm galt. Sprach Reinhold Lepsius über Kunst, dann wurde es so still wie in der Kirche. Was er zu sagen hatte, war kein augenblicklicher Einfall, sondern Ergebnis langen Studiums, gründlichen Nachdenkens und unausgesetzter Entwicklung. Seine Gedanken wurden in feinster Formulierung geboren, ihre Vollkommenheit und Schärfe sicherten ihnen eine unbedingte Schlagkraft, da eine klarere und überzeugendere Fassung nicht hätte gefunden werden können. Es lag in seiner Natur die unverkennbare Vererbung des Gelehrtenblutes, das ihn in der Kunst fast zu einem Forscher machte, zum Forscher ihrer Gesetze, ihrer Wirkungen, ihrer Möglichkeiten. Seine leidenschaftliche Besessenheit von Kunst und Philosophie, die seltsam gekreuzt wurde durch eine gewisse kühle Kultur, sagte allem, was dem Dämonischen gleicht, den Eintritt in seine geistige Persönlichkeit ab. Seine allzustrenge Selbstkritik, obwohl sie seiner Schöpferkraft im Wege stand, steigerte ihn zu unerhört feinen Überlegungen, mit seinen hie und da eingestreuten Bemerkungen versorgte er die Denker und Schriftsteller seiner Zeit wie der Ernährer die Hungrigen. Die Einschätzung von Georges Werk ging von ihm auf alle jene Gelehrten über, die einen unbedingten Glauben an seine Wertungen hatten.

Sie alle haben von ihm genommen und kühn behaupte ich, daß die wesentlichen Gedanken in den zeitgenössischen Büchern über Kunstphilosophie, Kunstbetrachtungen aller Art, – dem Verfasser bewußt oder unbewußt – von ihm stammen.

Wenn es galt, Begriffe zu klären, so hob George seine schwere Axt, Simmel schliff an seinem Seziermesser, Gundolf schoß aus sicherem Bogen mit bunten Pfeilen in die Luft, Gertrud Ka. hantierte zwar mit scharfen Waffen, doch schien in ihren beweglichen Händen sich alles, was sie berührte, durch Güte in ein Spiel aufzulösen und Reinhold zückte seinen scharfgeschliffenen Dolch, mit dem er stets in das Herz der Dinge traf.

Das Kaminfeuer erwärmte zwar die Einbildungskraft, jedoch erfüllte es kaum seinen eigentlichen Zweck, so daß unserem Hause das Nahen des Winters gefährlich wurde und den Freund verjagte. Auch wir selbst zogen ja noch diesen Winter nach Berlin zurück in die Stadtwohnung, die wir dann aber aufgaben, um unser endgültiges und einziges Quartier im Westender Haus und Garten aufzuschlagen.

EINE Reise nach Rom, die ich mit Monika unternahm, die wir die „Wohltemperierte" nannten, sollte mir Klarheit bringen, wie ich unser Familienleben erhalten könnte, ohne von Reinhold, dem Künstler, zu fordern, was er nicht leisten konnte. Dort in Rom, wo meine Jugendfreunde noch lebten, begriff ich, daß ich mich selbst und meine Neigungen ganz zurückstellen müsse, um nur meinem Beruf zu leben. Mit diesem Entschluß kehrte ich nach Deutschland zurück.

In meinem Arbeitsleben wurde ich unterbrochen durch die Geburt meiner jüngsten Tochter Sibylle im August 1902. Durch sie wurde die Sehnsucht nach dem Musik-Kind mir erfüllt. Einer Einladung zufolge trat Reinhold damals die Reise nach Spanien an, die den denkbar größten Einfluß auf seine künstlerische Entwicklung hatte. Ohne Zweifel verdankte er ihr einen Aufschwung in die Größe und Breite hinein, wie er uns alle erstaunte und begeisterte. Ich möchte sagen, daß er von nun an jene künstlerische Gestaltung fand, welche über alle „Richtung" erhaben, ewige Kunst hervorbrachte; jedoch hielt er dauerndes Versuchen und Verwerfen für nötig, als gälte es, gleich Prometheus, das himmlische Feuer zu stehlen. Die Anzahl seiner Werke war im Vergleich mit dem Engrosbetrieb vieler anderer Maler eine gering bemessene, und daher ruhte die Sorge für die Familie mehr und mehr auf mir.

Meine Natur hatte ein so starkes Entfaltungsbedürfnis, daß ich diesem Angekettetsein an Haus, Familie, Atelier nur treu bleiben konnte, wenn ich mir selbst Gelübde leistete. Dies tat ich und ich hielt sie.

Stefan George sagte mir in dieser Zeit, daß ich seit er mich kenne härter und entschiedener geworden sei, worauf ich nur mit Schweigen antworten konnte. Aber mit einer gewissen Zärtlichkeit bemerkte er dann noch, daß ich früh ergraute.

Wieder wohnte er bei uns. Im Zusammenleben beeindruckte mich die Anspruchslosigkeit und Schlichtheit seiner Gewohnheiten. Oft, wenn man sich bis in den späten Abend hinein unterhalten hatte, bat er sich, bevor er in sein Zimmer ging, ein Stück trockenen Brotes aus, weil ihn plötzlich Hunger überkam, lehnte aber jeglichen Leckerbissen ab.

Zu unserem festen Tag erschien er, als er dann nicht mehr bei uns wohnte, mit Regelmäßigkeit, dies beschämte mich manchmal ein wenig, weil er ja nicht mit jedermann in ein Gespräch verflochten werden konnte. Wie sehr wir auch bemüht waren, allzu Durchschnittliche von unserer Geselligkeit auszuschließen, so schlich sich doch hier und da jemand ein, vor dessen Nähe man ihn wie vor jeglicher Berührung mit der Unzulänglichkeit schützen wollte. Besonders gerne unterhielt George sich damals mit Hermann Schmalenbach, der in seiner gedankenträchtigen und gepflegten Art von ihm sehr gewürdigt wurde. Auch Rudolf Pannwitz befand sich unter den regelmäßigen Gästen: seine zugespitzte Geistigkeit lockerte zwar auf und bereicherte, aber persönliche Übersteigerung entfernte meistens wieder von ihm.

Durch die Einladung zu einem bekannten Literarhistoriker geriet Stefan George einmal sogar in die Nähe desillusionierter berlinischer Skepsis. Wie Hagel fielen die spitzen Körnchen neben ihm nieder. Einige Gesprächsbrocken seien hier als typisch für das häusliche Milieu erwähnt. Die Hausfrau, die auch Reinhold

Lepsius und mich eingeladen hatte, frug mich: „Woher ist eigentlich Stefan George?" Antwort: „Aus Bingen." Erwiderung: „Gott! – einfach aus Bingen?" Wäre ich schlagfertiger gewesen, so hätte ich geantwortet: „Vom Ganges." Weiter: „Frau Professor, haben Sie jemals das Bedürfnis, lyrische Gedichte zu lesen?" Antwort: „Ich kann mir nicht vorstellen, wie man es nicht hat." Die Hausfrau: „Komisch, ich gehe viel lieber ins Theater, bei der Duse vergißt man absolut, daß man im Theater ist." Meine Antwort: „Wenn Sie das vergessen wollen, brauchen Sie ja gar nicht erst hineinzugehen" usw. Bei der abendlichen Tafel wurde George an meine linke Seite gesetzt. Die Umstände in dieser fremden Umgebung waren dermaßen humoristisch, daß wir fast versteinerten, um nur nicht zu lachen. Als uns aber die Komik des Milieus doch mit unwiderstehlicher Heiterkeit erfüllte, steckte ich, um unsere Lage zu retten, einen, man könnte sagen, perversen Salzlöffel aus rosa Porzellan in Form eines Kleeblattes George mit Rokokogebärde ins Knopfloch. Glücklicherweise durften wir nun mit den anderen in ein erquickendes Gelächter ausbrechen, ohne daß die Gastgeberin die wahre Ursache erkannte. Stefan George ließ sich nur noch ein Mal verleiten, diese gezierte Geselligkeit mitzumachen, dann mußte er den empfindsamen, unendlich gütigen Hausherrn durch dauerndes Absagen kränken. Man darf nicht behaupten, daß es tadelnswert gewesen sei, eine Schwelle überhaupt erst betreten zu haben, die man später meidet. Denn man kann nur von sich weisen, was man durchschaut, und es ist selbst für geborene Berliner nicht möglich, dieses Neben- und Durcheinander von Liebenswürdigkeit, Eingehen, ja Güte und taktloser Geschwätzigkeit, Eitelkeit und Launen zu entwirren.
Im November 1903 wohnte George wieder bei uns. Sein inneres Leben lag jetzt noch klarer vor mir.

Reinhold und mir als einer Einheit war George erst dieses Mal persönlich wirklich nahe gekommen und er hatte, soweit man das von ihm sagen konnte, unser Leben mitgelebt, in das wir ihn ganz aufgenommen hatten – unser Leben, das, wenn auch noch so ausgesprochenes Familienleben, doch frei und weit, voll gegenseitiger Liebe war, ohne einander in Fesseln zu schlagen: Freiwillige Bindung, unfreiwilliges Füreinanderleben. Diese Art der Gemeinschaft beeindruckte ihn wohl sehr.
George verließ uns dann wieder, wohnte aber noch in Westend. Als er von uns fort war, schien es ihm nicht gut zu gehen: so kam er eines Tages, als ich allein war. Er klagte, wie schlecht es ihm ginge.. er schluchzte. Ich gab ihm meine Hände, er drückte sie an die Augen und dann legte er seinen Kopf an meine Schulter; ich aber tat meine Hand um seinen Hals.
Eine unbegreifliche Hemmung hinderte mich, diesen einzigen Menschen näher an mich zu nehmen – ihm wärmeren Trost in die Seele zu träufeln über Schmerzen, die uneingestanden blieben, von denen ich nichts wissen konnte, weil sie nur den großen Einsamen beschieden sind, für die es nur eines gibt, das ihnen wohltun kann: Liebe! Wenn ich heute dieser Stunde gedenke, so kommen mir die Zeilen aus dem „Teppich des Lebens" in Erinnerung:

> Nun schreitet niemand der für kurze strecke
> Desselben ganges in mir hoffnung wecke
> Mit noch so kleinem troste mir begehr ·
> So ganz im dunkel wallt kein wandrer mehr.

Eine unerklärliche Scheu wurde in mir wach, so daß ich nicht vermochte, ihm die Tränen von den Augen zu küssen. Er ruhte stumm an meiner Schulter, als sich Tritte näherten, ehe noch ein Wort gesprochen werden konnte.

Eine abergläubische Einstellung hatte mich daran gehindert, das Abrollen des Alltags so einzurichten, daß außer dem inneren Raume meines Herzens dem Freunde auch ein äußerliches Recht an ungestörter Gemeinsamkeit mit mir blieb. Mit Schauder empfand ich damals das ans Groteske streifende Übergewicht, das ich meinen Kindern wie ein Gewaltrecht eingeräumt hatte, als sie plötzlich mit Lärmen zu allen Türen hereinsprangen. Nun aber war es schon zu spät, um die Disziplin der Kinder zu ändern; nur allzu gut verstand ich später, daß es ebenso eine zu große Härte gegen mich selbst, wie auch eine starre Grausamkeit gegen den Freund bedeutete, der einen gleich schwerwiegenden Freundesanspruch an mich hatte wie meine Familie. So zarte Fäden aber können, einmal zerrissen, nie weiter gesponnen werden und hinterlassen immer eine Wunde im Gemüt. Wie wohltätiges Verzeihen empfand ich es aber, als der Freund mir später trotz der Anwesenheit von hinzukommenden Gästen, denen ich entgegengegangen war, zuflüsterte: „Setzen Sie sich wieder, Göttliche!"
Wenige Tage darauf war er ohne Abschied von Berlin verschwunden...
Im Frühling 1904 reisten Reinhold und ich, einer Einladung folgend, nach London, wo ich im Juni einen Brief von Stefan George empfing, der mir den Tod eines jungen Freundes mitteilte. Die Grausamkeit des Sterbens eines so Hoffnungsvollen, von dem er Höchstes erwartet hatte, den er liebte, wie man sein geistiges Kind liebt, erfuhr ich durch Georges Feder in der ihm eigenen Form, die mich nicht sofort eindringen ließ in die Furchtbarkeit dieses Schicksals, furchtbar nicht nur für George, sondern auch für die Welt. Ich las den Brief und las ihn wieder, aber seltsamerweise konnte ich aus den verhaltenen Worten nicht lesen, welch eine Schmerzensflut nun über den Freund hinstürzte; auch

verschwieg er mir damals, wen er und wie er ihn verloren hatte. Ich scheute mich, fragend zurückzuschreiben, und so verschob ich meine Antwort.

Später erst erfuhr ich, daß der plötzlich vom Tod Ereilte MAXIMIN war. Es peinigte mich noch nachträglich, meiner Trauer so verspäteten Ausdruck gegeben zu haben, denn als ich George das erstemal nach diesem tragischen Schicksal wiedersah, sprach mir sein Aussehen mehr von seinem tiefen Leid, als ich aus seinem Brief erlesen hatte. Vielleicht mag ihn der spärliche Ausdruck meines Miterlebens wie achtlose Kälte berührt haben, doch fand ich niemals den Mut, ihm mein schwerfälliges Begreifen zu erklären, das mir vor diesem furchtbaren Erlebnis gar zu bedeutungslos schien. Nun, als MAXIMIN gestorben war, hallte in allen Seelen sein Name wider – wir waren erfüllt von seinem kurzen, leuchtenden Dasein. Schon als Schüler war er in den Kreis Georges getreten, es lag die Erwartung großer Dinge in ihm und um ihn, aber auch die Ahnung seines frühen Todes, der ihn mit grausamer Plötzlichkeit von der Erde fortmähte, wie des „Grases Blume".

Ich wußte und sah, wie Leben und Tod dieses wunderbaren Jünglings George erschüttert hatten, aber man wagte nicht, mit ihm davon zu sprechen, denn er verbarg nach außen hin seinen Schmerz und es schien ihm gut zu tun, im Gespräch nicht Bezug zu nehmen auf diesen Tod, der ihn selbst an die Grenze des Abgrundes riß. Was hätte ich darum gegeben, ihm beistehen zu dürfen. Aber seine starke Natur fand die Abwehrkräfte gegen das Rasen zerstörerischer Mächte, dem er sich entgegenstellen mußte, um seinen Auftrag auf der Erde zu erfüllen. – –

In diesen Jahren konnte das Beisammensein in der Stadt Freunden, wie wir es nun mehr und mehr geworden waren, nicht mehr genügen, und wir sannen darüber, wie wir einmal unsere Sommerferien in der Natur gemeinsam verbringen würden. Es wurde verabredet, daß Stefan George sich im Sommer mit Reinhold Lepsius und mir in der Schweiz treffen würde, wofür als Ausgangspunkt das uns wohlbekannte Klosters (Dörfli) in Aussicht genommen wurde.

Lange mußten wir vergebens auf den Arbeitsabschluß von Reinhold Lepsius warten, der diesen wie so manchen Plan durch Verzögerung zu verschütten drohte, bis es sich dann entschied, daß Reinhold nachkommen sollte (was jedoch nicht geschah) und er mich in Begleitung meiner beiden ältesten Kinder zur Reise entließ.

In Klosters also stieß George zu uns und brachte eine eigene frohe Laune und Reisestimmung mit, die sein verwegen flatterndes Cape und seine schräg aufgedrückte baskische Kappe zu unterstreichen schienen. Er wußte alle Bedenken, mit denen ich als eine gar zu vorsichtige Mutter Familie und Freunde belastete, schnell zu zerstreuen und übernahm es, eine Wohnung zu schaffen, die für uns alle gut sei.

Nachdem er einen Tag auf Entdeckungsreisen gegangen, erschien er mit froher Botschaft. Ein entlegenes Nest, Gadenstädt, hatte er aufgestöbert, das ein einziges reinliches Gasthaus an der Landstraße bot, fern von jedem üblichen Hotelbetrieb, sicher auch vor sozial gehobenem Publikum, das sich einen Schweizer Sommer kaufen kann.

Es entzückte mich, den Freund ritterlich und beschützend, ja praktisch wirken zu sehen. Mit dem Volke sprach er, als sei er einer der ihren, was in köstlichem Gegensatz zu der ablehnenden Haltung stand, die er mondänen Menschen gegenüber zeigte. Vor diesen legte er sein Gesicht in strenge Falten, die dem Ausdruck des Ekels nicht fern waren und es ganz unmöglich machten, sich ihm zu nahen.

Mit meinen beiden ältesten Kindern bewohnte ich zwei Zimmer im zweiten Stock, die George ausgesucht hatte, während er selbst unten zu wohnen schien. Schien! Es ist mir nicht erinnerlich, ob mir der Zufall seine Behausung verbarg oder ob es ihm auch hier Bedürfnis war, seine Klause geheimzuhalten.

Auf den Spaziergängen hüpften die beiden Kinder vor uns her und forderten meine fortwährende Aufmerksamkeit, da sie als Kinder der Mark Brandenburg weder Abhänge noch steinigtes Geröll, noch etwas anderes als einen sandigen graden Weg gewohnt waren. Meine gelegentliche Inanspruchnahme durch die Kinder nahm George mit großer Geduld hin und versuchte nicht, meine mütterliche Sorge als überflüssig hinzustellen, wofür ich ihm Dank wußte. War auch unser Gespräch dadurch behindert, so wurde es doch nicht gänzlich unterbrochen und namentlich, wenn ich die Kinder abends schlafen gelegt hatte, so konnten wir beide noch hin und her gehen vor dem Hause; denn daß ich in Rufnähe für Monica und Stefan blieb, war mir ein Selbstverständliches.

Günstiger aber gestaltete sich die Lage, als einige Tage später Stefan Georges Schwester und dann noch Friedrich Gundolf und sein Bruder Ernst Gundolf, genannt Gundolf II., erschienen. So gab es mehr freundliche Augen, die auf die Kinder achteten, und ich war nicht so ganz und gar gebunden. Auf einem Waldweg, den ich mit George allein ging, empfand ich es wie eine Beruhigung gegen frühere Eindrücke, daß er in diese Natur, die kein Idyll war, hineingehörte. Zwischen zottigen Tannen oder kahlen Felsen, an gefährlichen Schluchten und stürzenden Bächen wirkte er wie der dort spukende Berggeist, wie der menschliche Ausdruck dieser unerbittlichen Natur, die trotz ihrer Kargheit aus Spalten neben den Mooskissen das unerhörte Wunder der blauen Blume: den Enzian sprossen läßt. Überrascht wie vor der größten irdischen Herrlichkeit stehen wir still, wenn in der Höhe die erste blaue Enzianblume uns entzückt. Sie schien mir ein Symbol dieses herrischen, harten Mannes, in dessen Wesen und Sein hinreißende Möglichkeiten schlummerten und leuchteten.

Von den vielen Wegen, die wir gegangen, führte uns der eine in Gesellschaft der Brüder Gundolf auf eine Hochebene. Dort rasteten wir, und wieder freute ich mich an der Fürsorge Georges. Als wir uns durch einen Imbiß erquicken wollten, fehlte mir der Eierlöffel, den er sogleich erfinderisch aus Holz mit dem Taschenmesser für mich schnitzte. War das Mahl vorüber, begann das Rundgespräch.

Ein andermal machten wir alle zusammen einen Spaziergang mit meinen beiden Kindern. Als wir rasteten, nahm der Dichter seinen kleinen Namenträger auf die Knie. Das Kind hatte große Freude an seiner farbigen Krawatte, die es voller Bewunderung betastete. Streng und unerbittlich aber ließ sich der Große vernehmen: „Untersteh dich nit, mei Krawatte anzugreifen, wenn du das noch emal tust, kannst de dich was versehe." Ich rief das Kind schnell von den Knien des Gestrengen zu mir, ohne ein Wort hinzuzufügen und lenkte seine Aufmerksamkeit auf anderes.

Einen kleinen Zwischenfall gab es noch: der Ort Gadenstätt entbehrte den Frisör, und da Gundolf staubig und heiß von der Reise dort anlangte, bot ich ihm an, ihm die Haare zu waschen: er saß nun weiß eingehüllt in der Mitte des Zimmers und wurde von mir nach den Regeln der Kunst behandelt, gerade so, wie ich es meinen Kindern angedeihen ließ. In musterhafter Geduld ließ Gundolf die Reihenfolge der Maßnahmen über sich ergehen. Wie

aber verhielt sich George? Er warnte – trat dazwischen und fand die ganze Manipulation höchst unheimlich. Da gab es wieder etwas zu lachen für mich, aber nicht aus Spott, sondern aus Freude darüber, wie ihn das Wohl und Wehe seines Schülers in Aufregung versetzte, und wie verantwortlich er sich für ihn fühlte und ihn vor meinen Eingriffen beschützen zu müssen glaubte, während Gundolf selbst mir kindlich vertraute.
Während des Gadenstätter Beisammenseins bestanden unsere Gespräche häufig in grundsätzlichen Erörterungen, zu denen ein für den eben begründeten „März" bestimmter „Brief über Berliner Kultur", an dem ich eifrig schrieb, als Ausgangspunkt diente. Vieles wurde bedacht, manches erwogen. Besonders erbaulich war es mir, dem Gespräch zwischen George und den Brüdern Gundolf zu lauschen. Ich empfing ungeheure Anregungen dadurch und mehr als das. Das Zusammenwirken von George, welcher unerbittliche Forderungen an die Wahrhaftigkeit des Menschen erhob, von irgendeinem Nachgeben nichts wissen wollte und seine Ansprüche wie Felsen in das Meer stellte – das Zusammenwirken von ihm mit Friedrich Gundolf, der diesen Fels mit der Mannigfaltigkeit und Genialität seiner wechselnden Einfälle beleuchtete, wodurch er wie erhellt und bestrahlt vom göttlichen Gefunkel des Jugendlichen sich immer wieder neu verdeutlichte, dies wurde zu einem Erlebnis ohnegleichen.
Auch Ernst Gundolf, der Zeichner, beteiligte sich an dieser Schule der Weisheit, und ich hörte ihm mit derselben Gespanntheit zu wie seinem Bruder, dem er nicht an Geist und Charakter, sondern nur an Fülle der Gnade nachstand.
Sollten nun aber diese Gespräche wiederholt und von neuem gestaltet werden, so würde es eines besonderen Buches bedürfen und übrigens eines besonderen Gedächtnisses. Wie groß auch

meine Wachheit und gesammelte Aufnahme in der Gegenwart war, so wurde sie doch zu schnell umgeformt in Lebensstimmung – in Vorsatz zur Tat, als daß mir die den Anstoß gebenden Worte in ihrer damaligen Fassung in der Erinnerung verblieben sind. Die Hauptinhalte unserer Gespräche seien hier nur angedeutet:

George griff die Musik an, der er die bildende Kraft absprach trotz seines an Beethoven gerichteten Gedichtes über die Macht der Musik (Haus in Bonn, VII. Ring). Das Wort, die Sprache stellte er als das Höchste hin, dasEinzige, das dem Propheten zum Werkzeug dienen könne. Diese Überzeugung hinderte ihn nicht, sich gern neben dem Klavier des Gasthauses niederzulassen, wenn er mich spielend vorfand. Die Musikthesen wurden von mir leidenschaftlich bekämpft, indem ich behauptete, daß in der Sprache des Propheten noch ein Rest von Zweck sei, der gebrochen würde in der Musik und auch in der Malerei.

Von dem Gespräch über Musik ausgehend bekannte ich ihm, daß mir das Christentum da, wo es unangetastet ist, zur Offenbarung wurde und wie mir die erste Erweckung durch Palästrina und Bach geschah, wie ich aber niemals eine Beziehung zu den späteren Entartungen des Christentums gewinnen konnte. Ich erzählte ihm, daß ich dem Leben der Heiligen nachspürte, von denen mich Augustinus am meisten erschütterte, so daß wir unsere älteste Tochter nach seiner frommen Mutter Monica benannt hatten. Es fiel mir damals auf, daß George zwar nicht beistimmte, aber aus einer anbetungswürdigen Zartheit, mit der er nicht an das rührte, was einem anderen, an den er glaubte, das Heiligste bedeutete, nur von Zeit zu Zeit ein „Hm" verlauten ließ, oder sehr auffällig den Kopf auf und nieder beugte, als wollte er sagen: „So bist du also – ich werde dich nicht stören."

Natürlich sprachen wir auch viel über Erziehung, und er fand, was alle fanden, daß ich zu nachgiebig gegen meine Kinder sei, sie im Seelischen zu sehr verwöhnte. Ich mußte ihm darauf erwidern, daß ich die Kindheit nicht wie die meisten Menschen, ausschließlich als Vorbereitung für das reife Alter betrachtete, sondern als ein in sich Abgeschlossenes, was seine Rechte für sich habe, die zunächst in etwas Negativem bestünden, nämlich im Fernhalten des Schädlichen. Hier stieß ich nun auf Widerspruch: es sei weder möglich, noch wünschenswert, alles Schädliche fernzuhalten. Dieser Einwand beruhte aber auf einem Mißverständnis meiner Anschauung. Nicht im verweichlichenden Sinne wünschte ich, daß alle Kinder geschützt würden, sondern nur insofern, als Unwiederbringliches ihnen durch die Fahrlässigkeit ihrer Hüter seelisch und körperlich verlorengehen kann. Dann aber scheute ich mich nicht, einzugestehen, daß ich soviel Glück in die Kindheit pressen möchte, wie nur irgend darin Raum finden kann, denn man weiß nicht, ob ein Kind erwachsen oder jung sterben wird, und dann ist es eine unerträgliche Vorstellung, daß die Kindheit lauter Qual der Vorbereitung für das spätere Alter, lauter Knebelung der Freiheit und unerfüllte Sehnsucht war. Ich konnte mich auch nicht entschließen, meine Kinder in die Schule zu schicken, dieser peinvollen Einrichtung zur Knechtung der Persönlichkeit und zur Unterdrückung der besonderen Gaben: wie mir überhaupt jeder Anspruch, sich der bürgerlichen Übereinkunft zu fügen, unberechtigt schien. Die Ehrfurcht vor der Tradition steht nicht im Widerspruch zur Ablehnung der Konvention, vielmehr verhält sich jene zu dieser wie die Mutter zur Gouvernante. Jegliche Freiheitsberaubung, gleichviel welcher Art, erscheint auch schon in der Kindheit als das Grausamste, was Menschen erdacht haben.

Stefan George erwiderte, ein Kind müsse doch unter jeder Bedingung gehorchen; wenn man ihm sage, es solle nicht an das brennende Feuer gehen, so müsse es eben dem Verbot folgen. Ich aber hoffte zu erreichen, daß meine Kinder immer aus Vertrauen zu mir und nicht aus Angst gehorchen würden und wenn dies gelegentlich unterblieb, so waren sie doch auch nicht ungehorsamer als die strenger erzogenen, wogegen ich eine geradezu unerschütterliche Wahrhaftigkeitsliebe bei ihnen erreichte, die selbst, wenn es das einzig gute Erziehungsergebnis gewesen wäre, mir jedes andere Abrichten zum Gehorsam aufgewogen hätte.
So also behauptete ich mich und meine Ansicht nach Kräften diesem überlegenen Manne gegenüber.
Nach diesen Gesprächsandeutungen will ich mich beschränken auf das Festhalten der persönlichsten Züge von Stefan George, die sich mir in ihrer Anschaulichkeit fest eingegraben haben:
Die Schonung meiner Nerven, deren Empfindsamkeit sich in der Höhenluft noch steigerte, beeindruckte mich, da sie doch manche Störung in das tägliche Leben brachte. Zum Beispiel ereignete sich folgender Zwischenfall: das Zimmer meiner beiden Kinder und mein danebenliegendes gingen auf eine lange schmale Veranda, nach welcher hin sich die Türe eines Nebenzimmers ebenfalls öffnete, das von einem sehr unangenehmen Herrn bewohnt wurde. In diesen Sommernächten, da wir nur mit offenen Balkontüren schlafen konnten, quälte mich die Unabgeschlossenheit sehr. Nachdem ich nun eine Anzahl solcher Nächte schlaflos ertragen hatte, nahm ich mir ein Herz – gestand meine Qualen und bat Georges Schwester, die Gütige, doch eine Nacht auf meinem Lager zu schlafen, während ich mich auf den Fußboden zu den Kindern bettete. Zwar mit leisem Lächeln, aber man gab mir doch nach. Nur George bemerkte: „Man sollt's doch nit glaube, daß dieselbe

Sabine, die mit so einem G'sicht in den Speisesaal kommt, daß man meint, man müßt sich fürchte, so vor rein gar nichts Angst habe könnt."

Bei schlechtem Wetter war mein kleines Stübchen der Versammlungsort meiner Reisekameraden, denen ich dort den Tee bereitete. So sehr Stefan George sich hart zu gewöhnen bestrebt war, so liebenswürdig nahm er doch jederzeit mein hausfrauliches Wirken entgegen und würdigte es, statt seiner zu spotten; desto dankbarer aber hörte ich auf wohlberechtigten Tadel. Zwar ist es erklärlich, wenn Maleraugen überall etwas zu spähen suchen, aber das steigerte sich bei mir gelegentlich bis zur Unart; da bekam ich einmal ein: „Sabine, Sie gucke zuviel" zu hören, was mich hell auflachen machte und aus vollster Überzeugung zustimmen ließ, wie wir denn überhaupt keine Gelegenheit zu übermütigem Gelächter versäumten.

Bevor der Aufenthalt in Gadenstätt sich seinem Ende zuneigte, machte George einmal einen längeren Weg nach dem Tal, bei dem er Monica mitnahm, die mir später berichtete, daß ihr Beschützer während dieser vielen Stunden nicht ein einziges Wort gesprochen habe, was ihr jedoch ganz natürlich erschien, da sie selbst schon als Kind überflüßiges Gerede ablehnte. Nur einmal wurde der Weg durch ein kaltes Fußbad unterbrochen, das die beiden Wanderer im Bache nahmen. – Monica war dasjenige meiner Kinder, das George am liebsten hatte; als sie heranwuchs, äußerte er einmal zu Freunden: „Das Kind sollt' mr' eigentlich entführe!"

Scheiden und Trennen ist schwer und unbegreiflich wie ein Vorspiel des Todes. Zu verstehen, daß dort, wo wir mit einem lebendigen Wesen, das immer eine Welt darstellt, in täglicher Berührung waren, nun plötzlich eine Leere klafft, daß dort, wo ein

Widerhall dröhnte, jetzt lautlose Stille erschreckt – das zu verstehen, ist desto unerreichbarer, je gewaltiger die Welt ist, die ein solches Wesen in sich birgt.

Nun wohl, die Rückreise wurde angetreten, und das Leben mit seiner schönen Arbeit, seinem beglückenden Schwerpunkt innerhalb der Familie trat wieder in seine Rechte. –

Stefan George liebte es, sich vor seiner Ankunft nicht anzukündigen. Man wußte nur, daß der Herbst ihn immer wieder zu uns brachte. Als ich nun eines Tages mitten aus der Arbeit in meinem Stadtatelier an die Tür ging, weil dort geschellt wurde, da stand plötzlich der Freund, der Berggeist, der nun wieder Gegenwärtige vor mir, und ohne zu überlegen, ohne mich umzusehen, ob auf der Treppe Neugierige standen, flog ich ihm an den Hals und küßte ihn auf den Mund, was er aus seinem durchglühten Wesen mit Feuer erwiderte, als sei er froh, daß nun endlich alle Steifheit und kalte Form von uns abgeschüttelt wurde.

Wir waren in völliger Einsamkeit und Ungestörtheit in dem großen Atelier von Reinhold Lepsius. Kein Kinderlärm, kein Einbrechen der Außenwelt war zu befürchten; aber ein in mir selbst entstehendes Mahnen, stärker als jede äußere Macht, durchzuckte meine Phantasie. Was ich eben noch kindlich und unbekümmert verschenkt hatte, war gefahrlos, solange es nur eine Regung blieb, die von mir ausging. Doch erstaunte mich die Erwiderung zu sehr, um nicht in plötzlicher Eingebung die gefahrvolle Grenze zwischen Freundschaft und Passion zu schauen. Ähnlich wie im Traum Jahrzehnte in einer Sekunde zusammenrauschen, so regte es sich in mir, so daß ich aus tiefer Notwendigkeit durch meine Haltung gleichsam andeutete, dies war kein Beginn, dies war nur ein Einmaliges, was er wortlos und auf das zarteste verstand.

Und doch, wieviel Hergebrachtes lag auch wieder in meiner Art, mich zurückzuhalten. Kaum hatte meine Natur einmal frei und wahr gesprochen, so hinkte schon das damenhafte Bedenken hinterdrein, das einen stark und echt empfindenden Menschen als kleinlich berühren mußte und das gleich einer Zwangsjacke, die oft das Kostbarste erwürgte, um die Frauen jener Zeit lag.

Hier ging es nicht um Liebe, sondern hier trafen sich zwei Seelen in einem Bereich, wo es ihnen gegeben war, über die Grenzen ihres Geschlechtes hinaus zu empfinden: ein Eros, der sich nur den Seltensten unter den Seltenen naht und den es Wahnsinn war, zu verscheuchen. Ich fand nicht einmal den Mut, dem Freund zu sagen, daß wir von nun an das steife „Sie" in der Anrede mit dem „Du" vertauschen wollten.

Statt dessen verging uns der Nachmittag unter schnellem Hin- und Herfragen, wie er, wie ich die Zeit, seit wir uns getrennt, verbracht. Dann wurde das nächste abendliche Beisammensein in Westend verabredet.

Von diesem Herbst ab behielten wir die Gewohnheit, uns beim Wiedersehen mit einem Kuß zu begrüßen, was ein selbstverständlicher Ausdruck für unsere gegenseitigen Empfindungen war, wie es nur der begreifen kann, der weiß, daß es nicht einen Eros, sondern viele gibt.

>   Kreuz der strasse.. Hände lockten:
>   Wir sind am end.   Was nahmst du nicht?
>   Abend sank schon..   Seufzer stockten:
>   Dies ist das end.   Vernahmst du nicht?
>   Kurzes wallen   Meine strasse
>   Wen macht es müd?   Du ziehst sie nicht.
>   Mir zu lang schon.. Tränen fallen
>   Der schmerz macht müd. Du siehst sie nicht.
>   Siebenter Ring

IM Dezember 1905 war George wieder in Westend, wo er Reinhold und mir und Gertrud Ka. aus seinen Gedichten vorlas. Der Abend mit seinen erschütternden Eindrücken zog sich über viele Stunden bis in die Nacht hinein. Nach dem Abend übernachtete George bei uns. Am nächsten Morgen gedachte ich, den Freund am Frühstückstisch zu treffen, aber er war bereits zu früher Stunde verschwunden und wie er dies öfters plötzlich zu tun pflegte, in seine eigene Wohnung zurückgekehrt.

In diese Epoche meines Lebens fiel ein bitterer Verlust, dessen Wirkung auf mich ich nicht verschweigen möchte. In meinem damaligen Tagebuch finden sich diese Worte: „Ganz bewußt opfere ich jede Beziehung, jede Freundschaft der Arbeit, aber immer bitterer muß ich mein Entsagen büßen, denn Gertrud S. bricht mit mir." Dies war mir ein so erschütterndes Ereignis, daß ich mich für einige Zeit wie eine Kranke ins Bett legen mußte. Dort lag ich wie ein vom Blitz Gelähmter und konnte nicht fassen, was mir geschehen war, um so mehr, als ich immer geneigt war, demjenigen recht zu geben, der mich herabsetzte und von Selbstschmähung ergriffen wurde. Unsere Freundschaft hatte nichts mit üblicher Mädchenfreundschaft zu tun gehabt, sondern glich einem Bund fürs Leben. Sie beruhte nicht auf Gleichartigkeit, sondern auf Gegensatz, so daß wir einander viel zu geben hatten. Jedoch wie bei allen Freunden, außer Stefan George, bezog sich ihre Zuneigung zu mir nur auf ein Profil meiner inneren Person, das „zweite Antlitz" war sie nicht imstande zu erfassen. Gertrud trug keinerlei Gefahren in sich und war als eine etwas lehrerinnenhafte Natur, die ich seit unserer Freundschaft aus den Mädchentagen mit Erfolg ins Leben hineingerissen hatte, ahnungslos über die Dämonen, von denen leidenschaftlichere Geister als sie getrieben werden. Trotz großer Begabtheit blieben ihre Leistungen im wesentlichen kritischer Natur, wie zum Beispiel ein Buch über die Liebe, das sie geschrieben, das ich das Buch der Blinden über die Farbe nannte. Ihre blonde Persönlichkeit erweckte den falschen Anschein von zarter Hingebung und verbarg die Strenge und Enge, die ihr eignete, sodaß man erschrecken mußte, wenn sie Verwandten und Freunden den Stuhl vor die Tür setzte, wie dies in mehreren Fällen geschah. Sie hatte in unserer Mädchenzeit lange um mich geworben, bis es ihr gelungen war, einen gewissen Widerstand gegen sie in mir zu überwinden. Jetzt, da sich alle ihre beklagenswerten Eigenschaften an mir austobten, fühlte ich mich als die Betrogene, denn sie zerriß das bis dahin so feste Band unserer Freundschaft in einer Zeit, wo ich ihrer am meisten bedurfte. Hätte nicht die unbeschreiblich gütige und hilfreiche Freundin Gertrud Ka., welche alle ergänzenden Eigenschaften besaß, die Gertrud S. abgingen, sich meiner erbarmt, ich wüßte nicht, wie ich mich zu meinem Arbeitsleben wieder hätte ermannen können; aber daß ich es konnte und gut konnte, eben das war es ja, was mir von meinen sogenannten Freunden nicht verziehen wurde. Meine Vertiefung in die Arbeit ließ mich hart erscheinen, und nur die Einsichtigen sahen, daß es vor allem eine Härte gegen mich selbst bedeutete. Was man öfter bei Männern als bei Frauen wahrnimmt, hatte sich auch bei mir eingestellt als unausbleibliche Rückwirkung auf männliche Arbeit und Verantwortung, nämlich ein Mangel an lauschendem Eingehen auf die zarten Nöte anderer, wenn ich auch da, wo es sich um Anteilnahme und Hilfe im Großen handelte, nie versagte. Ich brauchte Entspannung, die meinem Temperament entsprechend mir nur durch Natur, Feste, Rausch oder starke Eindrücke wurde, nicht aber durch intellektuellen Meinungsaustausch mit der Teetasse in der Hand.

Ein seltsamer Traum, den ich damals hatte, ist mir im Gedächtnis geblieben: Ich hing am Galgen, übrigens ohne Mißbehagen dadurch zu spüren, immerhin ich hing und hoffte losgeknüpft zu werden, als all meine Freunde am Horizont erschienen. Einer nach dem andern sah mich an und ging unbekümmert weiter, bis meine Freundin Gertrud S. mich mit der Lorgnette musterte und dann rief: „Ach, es ist Sabine, die wird sich schon selbst helfen." Dies das Ende des Traumes.

So flohen denn die Jahre zwischen Arbeit und Sorgen aller Art, auch um die Kinder, welche in das Alter der Kinderkrankheiten einrückten. Als meine Tochter Sabine Scharlach bekam, blieb ich allein mit ihr in Westend und schickte die anderen Kinder mit ihrer Pflegerin in die Atelierräume meines Mannes. Aber das Kind war noch nicht ganz genesen, als ich schon täglich in ein anderes Stadtviertel fahren mußte, um dort eine alte Dame zu malen, während eine liebe Nachbarin der Kleinen Gesellschaft leistete. Einige Sätze aus meinem Tagebuch: „Ein Freund nach dem andern verläßt mich. Ludwig Traube stirbt! Seine Bestattung erschüttert mich von neuem. – Das Leben fordert von mir, daß ich mich zusammenraffe. Trotz meiner Pflichten als Hausmutter malte ich von Oktober 1906 bis Oktober 1907 neun Bildnisse." Neben dieser Arbeitsleistung mußte ich durch viele Wochen täglich Reinhold in dessen Atelier begleiten, da er meines Beistands bei seiner Arbeit bedurfte, der Arbeit, die er immer wieder zerstörte, bis ich in Tränen ausbrach! Aber sein unbeschreiblich liebevolles Wesen richtete mich dennoch wieder auf.

Nur wer Ähnliches an anderen oder sich selbst erfuhr, kann ermessen, was ein solches Suchen und Forschen bedeutet. Daher lese ich mit Mißbilligung die meisten Worte über Lepsius, die bei Biographen und Biographinnen, die in Berührung mit ihm kamen, auftauchen. Sie glaubten, in die Abgründe verstehend zu blicken, denen auf den Grund zu kommen sie gar nicht imstande waren, weil entweder künstlerische Parteipolitik sich unterfängt, zu werten, wo man ehrfurchtsvoll schweigen sollte, oder gar weil gesellschaftlich-oberflächliche Beurteilung immer wieder „Erfolg" als Maßstab betrachtet, während dem Tiefgang der „Wirkung" Schwätzer und Schwätzerinnen hilflos gegenüberstehen. Tout malheur vient de n'avoir su se taire quand on a parlé et de ne pas avoir parlé quand on s'est tu Auch die Wolterssche Schilderung von Lepsius ist verzeichnet und wird ihm nicht gerecht.

Das Bildnis, welches Reinhold Lepsius von George malte, gehörte zu jenen Arbeiten, die er mit Glück vollendete. Viele photographische Aufnahmen von George sollten es Reinhold ermöglichen, sich auch ohne die Anwesenheit seines Modells mit der Erscheinung des Dargestellten zu beschäftigen; denn bei der Leidenschaft des Gesprächs, das unbezwingbar entstand, wenn diese beiden Künstler zusammen waren, kam der eigentliche Zweck des Aufenthaltes im Atelier leicht zu kurz; aber nicht nur in diesem

Falle sondern auch sonst arbeitete Reinhold viel ohne Modell an seinen Bildern. Ich trug mich damals mit dem Gedanken, zwei Jahre nach Amerika zu gehen, um in größerem Maßstabe Geld zu verdienen, denn der Kräfteaufwand, den meine Lebensführung in der Heimat forderte, stand immer noch in keinem Verhältnis zum Gewinnst. Es widerstand mir, mich soviel mit Ordnen, Sparen, Rechnen zu beschäftigen, und die Alltäglichkeiten verfolgten mich bis in den Traum, sie hinderten die Erquickung des Schlafes. So verbrauchte ich meine Kräfte, um jedem, der in meiner Nähe lebte, nur das zu ermöglichen, was die „ideale Forderung" von ihm heischte. Denn die Eigentümlichkeit eines jeden Menschen, der auf mich baute, betrachtete ich als unantastbares Heiligtum.
Wenn ich nun schon meiner nächsten Familie verbarg, was ich litt und nur, wie einst die Frau von Carlyle, meinem Tagebuch die Schmerzen hinschüttete, wieviel weniger war ich imstande, eine Persönlichkeit wie Stefan George mit Klagen zu bedrängen. Auch war ich zu stolz und nicht geneigt, Reinholds phantastische Einstellung zur Wirklichkeit, die das gemeinsame Leben mit ihm so erschwerte, andern preiszugeben. Nur Gertrud S. gegenüber war ich offen gewesen; sie hatte mich nun verlassen. –
In diese Zeit fiel ein bedeutsamer Besuch Stefan Georges. Er wohnte damals, wie lange Zeit hindurch alljährlich, in Westend und kam daher häufig des Abends zu uns. Nun war ich ausnahmsweise einmal einen Nachmittag mit ihm allein; da gab er dem Gespräch eine persönliche Wendung, sprach von uns, von mir, und daß ich ganz einsam werden würde, wenn ich so weiterlebte, und das sei doch das Schrecklichste für mich, der ich geschaffen sei, einen großen Kreis von Menschen um mich zu sammeln, wozu ich durchaus die Gabe hätte, aber ich täte es ja nicht.

Auch er habe oft das Gefühl, wenn er komme, daß ich „meine Türen zumache". Er wisse nicht, ob ich mir das Abwehrende nur von Reinhold angewöhnt habe, oder wie es sonst komme.
Ich verstand mich kaum zu verteidigen, denn ich sah mit Staunen, daß auch ein Mensch, der unser Leben so kannte wie George, nicht von selbst merkte, wie ich durch Arbeit und Pflichten verzehrt wurde, und ich hätte ihm erst erläutern sollen, daß ich kaum noch Zeit für mich allein und meine Freunde hatte! Daß ich aber nur bei diesem Tempo es ermöglichte, unser Haus vor dem Zusammenbruch zu retten, das also mußte erst erklärt werden, und wenn es erklärt wurde, verlor ich trotzdem die Freunde?
Am Abend dieses Tages ging ich wieder an mein Tagebuch: „Süße, geliebte Kinder, solange ihr nur lacht und jubelt, solange bin ich selig! Ihr dürft nichts spüren von der Lebensangst eurer Mutter, von dem Vulkan, über dessen Erdkruste ihr spielt."
Ich hatte Reinhold wieder morgens in sein Atelier begleitet, verließ ihn dort in einer solchen Qual-Arbeitsstimmung, daß ich abends zitternd auf der Straße stand auf ihn wartend. Würde er kommen? Wie oft hatte er mich durch den Ausspruch erschreckt: „Ich sterbe an jedem Bilde, das ich male." Ach, lieber das Chaos, das Elend mit ihm, als Ordnung ohne ihn.
Als ich gestern die Kinder einmal frug: „Wer ist denn eigentlich hier der Glücklichste im Hause?" schrien die beiden Kleinen: „Ich! ich!" und die beiden Großen meinten: „Alle!"
Manche entfernteren Freunde halten dennoch zu mir. X. zum Beispiel, dessen Eheroman ich ganz und gar miterlebe und dessen Beichtmutter ich bin. Er kommt fast jeden zweiten Tag und bemächtigt sich meiner wenigen freien Stunden. George lehnt das Zusammentreffen mit ihm bei uns ab, denn er wittert das ihm unerträglich Mondäne und Frivole, wo ich noch idealistische Eigen-

schaften voraussetze. Eine neue Freundschaft wird geschlossen mit Frieda C., die mir Trost und Freundin wird und sich unserem Hause so völlig einfügt, daß sie erkennt, wie man mir helfen kann und auch immer dazu bereit ist. Von Jahr zu Jahr kommt sie mir näher durch ihr Einfühlungsvermögen, ihre große menschliche Klugheit und durch die Fähigkeit zu klären, wo das Chaos mich zu ersticken droht.

Professor Breysig kam damals häufig zu uns, von dem immer eine Welle starker Geistigkeit und bewegten Lebens ausging. Jedoch konnten wir uns nicht von der Vorstellung lösen, daß ihm wie auch anderen nur deswegen unser Haus so wert war, weil er häufig Stefan George darin begegnen durfte. Vielleicht wirkte dies mit manch anderen Gegensätzen hindernd und trennend auf unsere gegenseitige Beziehung.

Auch zwischen Endell, der nicht nur als Baumeister, sondern auch als Mensch bedeutend war, entstand eine Freundschaft mit uns. Er schleuderte Paradoxen in das Gespräch, lockerte die Begriffe auf und, indem er Vorurteile über Bord warf, weckte er seinen Gesprächspartner zu guten Einfällen, die jedoch meist von ihm selbst stammten. Endell erkannte meine Überbürdung und in wahrhaft freundschaftlicher Regung zauberte er mir ein Atelier auf das Dach unseres Hauses. Die Kosten dieses Umbaus sollten aus dem Ertrag eines Bildes erwachsen, das Frau Félicie B. Reinhold Lepsius auftrug.

Während des Aufstockens meines Ateliers ging ich mit meinen vier Kindern wieder nach Wyk auf Föhr, wo mein kleiner Stefan schwer erkrankte. Tag und Nacht wich ich nicht von seinem Bett, und es dauerte lange, bis er wieder geheilt war. Die einst so treue Pflegerin meiner Kinder wurde mürrisch und träge und kündigte mir. Nach zehn Jahren der Gemeinsamkeit blieb ich nun ohne

Hilfe, als wir nach Westend zurückgekehrt noch die Reste des Umbauens wiederfanden.

Während dieser Zeit malte Reinhold in Florenz die schöne Norina Vollmöller, die ihm zwar persönlich nicht interessant, aber als künstlerisch anregendes Modell wichtig und reizvoll war. Vor seiner Abreise hatte ich vergebens versucht, ihn dazu zu bewegen, zuerst das Bild seines Vaters für das Märkische Museum, das Frau Félicie B. ihm nunmehr aufgetragen hatte, wenigstens zu beginnen; denn diese gütige, immer hilfsbereite Seele, die tiefer in unsere Verhältnisse sah als manch naher Freund, sie lag nun im Sterben, und da sie den Auftrag nicht schriftlich gegeben hatte, so wäre es notwendig gewesen, das Bild zu beginnen. Doch solche Rücksichten gab es für Reinhold nicht, er reiste ab und kümmerte sich nicht darum, daß ihm dieses Freundschaftshonorar, was in diesem Falle nicht ein geringeres, sondern ein verdoppeltes bedeutete, verlorenzugehen schien.

Als er von seiner Reise mit einem wundervollen Frauenbildnis, das er leider später verdarb, heimkehrte, verzieh ich ihm auch dies. Was ich aber vorher in dieser Zeit der Verzweiflung und des Aufbegehrens in mir niederrang, ist unbeschreiblich.

Es folgte nun im Jahre 1909 eine solche Häufung meiner künstlerischen Arbeit und sonstiger Überbürdung, daß ich mit Herzerweiterung zusammenbrach. Reinhold, der inzwischen eines seiner schönsten Porträts (Frau von L.) zu wirklicher Vollendung brachte und durch mein Flehen bewogen, es nicht verdarb, ließ mich mit Gertrud Ka. voran in die Schweiz reisen, wohin er uns bald folgte. Stefan George besuchte uns dort. Dies waren kurze, aber herrliche Tage, in denen die alte Begeisterung unserer Freundschaft noch einmal aufleuchtete. Doch wurden wir zu wenig allein gelassen, um zu wahrer Nähe zu gelangen. Ein Zwiegespräch ist ja doch das ewige Urgespräch und jeder Hinzukommende verwandelt es zur „Konversation".

Die allgemeine Unterhaltung drehte sich damals unter anderem um den Mangel an Verständnis der Kritiker. Es war von den Randbemerkungen Beethovens die Rede, die er neben eine lächerliche Besprechung der IX. Symphonie geschrieben hatte; nämlich anfangs nur „Sau", später „Verfluchte Sau" und zum Schluß „Arme Sau". George liebte es, in lange Erörterungen plötzlich wie mit einer brennenden Fackel hineinzuleuchten und prägte das prächtige Wort: „Wenn ein Hund die Peterskirche anpißt, so bleibt sie darum doch, was sie ist." Dann fügte er noch hinzu, daß solche Torheiten ganz belanglos seien, aber: wenn es an ein halbes Verstehen gehe, „dann wird's haarig".

Wir hatten uns in Fideris von der Table d'hôte dadurch zu retten gewußt, daß wir in der sogenannten „Portionstube" mit den Bauern unsere Mahlzeiten einnahmen. Wer diesen Menschenschlag kennt, weiß, wie wohl wir uns fühlen mußten. Ein alter Dorfschullehrer, Johannes dem Täufer gleichend, die Postbeamten, einem Hodlerschen Bild entstiegen, eine großartige alte Bäuerin, wie aus der Zeit des Mutterrechtes, der junge Postillon, ausnahmslos in gute sachliche Gespräche miteinander verflochten, sie alle schwiegen, sobald Stefan George hereintrat, als ob der Herrgott selber käme. Das Gefühl für Persönlichkeit war bei diesen naturnahen Menschen, deren Bildung trotzdem eine erstaunliche war, so stark, daß sie den Genius in George mit Ehrfurcht spürten und sich dementsprechend verhielten. Es war schwer, sich von dieser Umgebung wieder zu lösen.

Nach Berlin zurückgekehrt drängten und stauten sich die Porträtaufträge, denen ich meine frischerworbenen Kräfte widmete.

George sahen wir in dieser Zeit, in der er wieder in Berlin war, sehr selten, höchstens einmal in der Woche. Gundolf hingegen besuchte uns oft. Zahllose Menschen gingen bei uns aus und ein. Trotzdem erkämpfte ich mir wieder Muße für die Musik, ich opferte sogar von Zeit zu Zeit eine halbe Nacht zum Komponieren, denn ich konnte es nicht hindern, daß mir manchmal etwas Gutes einfiel.

Tagebuchblatt: „Gestern habe ich Bruckners 8. Symphonie zum achten Male gehört. Reinhold und ich erleben diese Musik ganz und gar gemeinsam, Bruckner steht uns bei den Höchsten. Er ist der Heraufbeschwörer heiliger Ekstase.

Bach gibt die ferne jenseitige Welt der Vollkommenheit wie ein reines Stück Kristall. Wie einen Meteorstein halte ich das einer anderen Welt Entsprungene andächtig in der Hand.

Beethoven aber beschenkt uns mit einem Stück Gold, noch belastet mit Erde und betropft mit dem Blute dessen, der es ergrub. Tränen rinnen noch daran, die das Gold trüben. Mein Mitgefühl lebt noch in einem zu menschlichen Sinne."

Ich hörte die H-Moll-Messe, die ich ungefähr auswendig wußte, in dieser Zeit in einer weihelosen, nur virtuosen Aufführung von Siegfried Ochs, der imstande war, das Beifallklatschen der Philharmonie nach dem „sepultus est" mit einer Verbeugung zu bestätigen. Wie stieg in mir die Erinnerung an die von meinem Freunde Alessandro Costa in Rom dirigierte Aufführung – in unserm einst gemeinsam begründeten Bachverein – lebendig empor. Damals kam das Reich, senkte sich zu uns hernieder und breitete sich sanft und feierlich aus. Eine Wolke nach der andern des himmlischen Reiches schwebte herzu bei jedem neuen Choreinsatz.

Im November des Jahres 1909 blieb George wie gewöhnlich monatelang in Westend. Wenn er hereintritt, ist es so, als gehöre er im tiefsten zu uns. „Wie war es schön heute abend", schrieb ich damals in mein Tagebuch, „als er uns erzählte, daß der erste Mensch, der ihm Antwort auf Fragen gab, die man ihm zu Hause gar nicht hätte beantworten können, eine ältere ledige Person war. Sie stammte aus kleinbürgerlichen Verhältnissen, lebte in ihrer Familie in einem originellen kleinen Hause, und wenn sie auch noch soviel zu arbeiten hatte, so war doch immer Zeit für ihn, das Kind, das sie liebte. Sie beherrschte Französisch, Englisch und Italienisch, und bei ihr kam ihm die erste italienische Sprachlehre in die Hände. Später dann, als in Bingen ein alter Sonderling starb, erstand er aus dessen Nachlaß ein italienisches Diktionär. So einfach aufwachsend hörte er zum erstenmal die Welt, die ihm noch fremd war, an seine Pforte klopfen."

Immer blieb es mir schmerzlich, daß George in den letzten Jahren eine, wie mir schien, nicht ganz in seinem Wesen begründete feindliche Stellung zur Musik einnahm. Nicht nur weil ich ihr fast meine größten Erlebnisse verdanke, sondern vor allem, weil die Ablehnung eines so wesentlichen Stückes der Welt mir die Weite seiner Anschauung in Frage stellte. Es ergab sich wieder einmal ein Gespräch über Musik mit George, und da keiner von uns beiden seinen Standpunkt aufgab, so holte er zu dem kühnen Wort aus: „Wenn nun zum Beispiel ein so musikalischer Mensch wie Melchior Lechter behaupten würde, daß Sie gar nit musikalisch sind?" Oh, nun bekam er's aber mit mir zu tun! Zwar versagte ich es mir, ihm damit vorzuprahlen, daß ich ohne erreichbares Klavier im Walde komponiere, weil ich mit dem „inneren" Gehör begabt sei, daß ich ohne weiteres Bachsche Fugen auswendig spiele, und alle Lieder, die ich auswendig weiß (es mögen hunderte sein), transponieren könne. Statt der Aufzählung dieser Tatsachen bewies ich ihm, daß es in der Musik anders sei als in den anderen Künsten, da die Musikalität meßbar sei. Ein Mensch, der eine Quinte nicht mit derselben Treffsicherheit als solche erkennen könne wie der Sehende die rote Farbe, sei eben unmusikalisch, und wenn jemand von mir behaupten würde, daß ich unmusikalisch sei, so sei das nur ein Zeichen dafür, daß er überhaupt nicht wisse, was man musikalisch-sein nenne. Dieser Dialog hatte sich vor Zeugen zugetragen. Ich ging als Siegerin hervor, George schwieg. Damals wurde mir von Georg Simmel auch berichtet, daß George sich zu ihm über meine Entwicklung zum Ungeistigen beklagt habe.

Im Sommer 1910 reisten Reinhold und ich zu kurzem Aufenthalt wieder nach der Schweiz, wo wir nicht soviel Auffrischung fanden wie sonst. Nach der Heimreise verbrachte ich schlimme Tage und Nächte. Es geschah so selten, daß ich mutlos war, aber ich wurde es, als nun wieder die große Aufgabe, die Verantwortung für die Familie zu tragen, sich vor mir erhob. Ich glaubte, vor einem Abgrund zu stehen. Für solche Schwächeanwandlungen hatte Reinhold kein Verständnis, er war ein schlechter Tröster und fand, daß ich an seiner Seite bedingungslos glücklich sein müsse. Als ich den Klimawechsel überwunden hatte, stürzte ich mich mit Energie, bevor ich die Arbeit im Atelier wieder aufnahm, auf die Vorbereitungen für den Winter. In diesem Oktober reiste Reinhold nach London, um ein Bildnis zu malen. Der Aufenthalt dauerte sechs Wochen, aber das Bild wurde nicht abgeschlossen. Als ich ihn im November vom Bahnhof wieder abholte, fiel mir sein seltsam verstörtes Wesen auf, das sich als nachhaltige Folgeerscheinung einer sehr bewegten Seereise herausstellte, denn seine Feinnervigkeit grenzte an das Mimosenhafte. Ganz allmählich beschwichtigte er sich, und stärker als je spürte ich, daß man von dieser überempfindsamen Natur niemals fordern, daß man sie immer mehr schonen, ihr mit Verständnis dienen mußte, um der starken Geistigkeit dieses Schwerlebenden die Ausbreitungsmöglichkeit zu erhalten, seine seltene Kunst nicht an der Entwicklung zu hindern, die ihr gebührte, und endlich – um den Zauber seines Wesens nicht zu brechen.

Stefan George und ich hatten einmal ein Gespräch über Schönheit. Für ihn bestand sie zumeist im Ausdruck – im inneren Leuchten des Antlitzes, das auch Schönheitsfehler haben durfte, während für mich die Schönheit ausschließlich in der Form besteht, die nicht mit Reiz, Schmelz oder persönlichem Zauber zu verwechseln ist. Obgleich George streng wohlgebildete, man könnte sagen gotische Hände hatte, lachte er mich aus, weil ich Menschen mit unschönen Händen mißtraue. Das Körperliche spielt ja unter Künstlern eine ganz andere Rolle als bei amusischen Menschen und wenn heute die Welt so stolz ist auf ihre Nacktkultur, so ist dies für Künstler gar nichts Neues, sondern war immer ein Selbstverständliches.

Im Verlauf des Gespräches meinte er, daß meine stärkste Eigenschaft doch die Gewissenhaftigkeit sei. Ich hatte hierauf nichts zu erwidern, weil ich zu deutlich fühlte, daß dieses scheinbare Lob einen tiefen Vorwurf enthielt – gegen den ich mich jedoch nicht verteidigen konnte. Sicher erwürgt die Alleinherrschaft der Gewissenhaftigkeit seltenere Eigenschaften. Wer aber „Familie" zu haben als ein höheres Amt betrachtet, kann nicht dagegen an, es so zu verwalten, wie das Wissen um Gut und Böse es ihm eingibt.

In den ersten Dezembertagen des Jahres 1910 begingen wir den letzten Tag von Georges Aufenthalt feierlich bei Gertrud Ka. Die Stimmung „innerer Geselligkeit", wie George es nennt, hat immer ihren Mittelpunkt im Gastgeber, und wenn wir hier in den kerzenbeleuchteten Räumen bei Gertrud Ka. enger beieinander saßen als sonst, so sprang auch der Funke des einen auf den andern leichter über, und das Fluidum von Sein zu Sein wurde so stark empfunden wie ein magnetischer Strom, der das Wesen naher Freunde miteinander verband.

Anders kann ich es nicht ausdrücken, was ich empfand, als George und ich beieinander auf dem großen Diwan saßen. Ein wenig spotterfüllt waren wir alle beide über die unendlich klugen Reden, die Georg Simmel, Gertrud Ka. und Reinhold Lepsius schwangen. Wir hörten lächelnd zu und hin und wieder entwischte mir eine kleine Bosheit, an der George seine Freude hatte. Es drückte sich in seinem Gesicht ohne ein gesprochenes Wort unendlich viel aus.

Irgend etwas verband uns an jenem Abend stärker als je, etwas, was uns gemeinsam war, aber den andern fremd und ihrem Wesen nach nicht beschieden. George und ich standen in einer andern Welt. Wo standen wir? Im Bereich der geheimnisvoll wirkenden Naturkräfte. Und die Welt der anderen? Die Welt der Ewig-Intellektuellen, die einen Gegensatz bildet zu den Intuitiven. Wir konnten nur ein Lächeln aufbringen, denn wir wußten uns als die beiden einzig Dionysischen, ohne ein Wort darüber zu sagen. George sah den ganzen Abend über so aus, als belustige ihn die große Anstrengung der anderen, einander das kluge Wort von den Lippen zu nehmen, um dann das allerklügste selber zu sagen. Ach – er wußte es ja alles viel besser! Und hatte er es uns nicht einmal so herrlich, so triumphierend gesagt: „Mit allen künsten lernt ihr nie was euch am meisten frommt.. wir aber dienen still... Wo unsere zotte streift, nur da kommt milch... Nur durch den zauber bleibt das leben wach." (Der Drud zum Menschen. Neues Reich S. 75) Ja die Urnahrung, das war bei uns und die Nähe des Urquells. So fühlten wir beiden Übermütigen wohl an diesem unvergeßlichen Abend.

Aber wie sollte es nun weitergehen? Hatte eine solche Gemeinsamkeit denn keine Rechte in dieser Welt und setzt sich das menschliche Dasein nur aus Rücksicht und Vorsicht zusammen? Sind menschliche Vorurteile imstande umzustoßen, was Natur und Seele in uns aufbaut? Hat nur dieser eine Eros Berechtigung, der zur Ehe oder Liebschaft führt, und darf eine Liebe jenseits von beidem sich nicht bekennen?

Am nächsten Morgen glaubte ich George abgereist und schickte mich an, früh um 6 Uhr an ihn zu schreiben, zu schreiben ich weiß nicht was – aber ich unterließ es wieder, und da, an diesem Morgen, trat er ganz plötzlich herein, um mir noch einmal Lebewohl zu sagen. Ich war allein und so überrascht, daß er noch nicht abgereist war, daß ich etwas wie Seligkeit darüber fühlte. Ich gestand ihm auch, daß ich ihm hätte schreiben wollen, eine Art Liebesbrief, daß ich mich dann aber gescheut und es unterlassen hätte. Er aber meinte, das hätte ich nicht tun sollen, denn was so unmittelbar geäußert würde, sei immer das Beste. Er sprach weiter: „Ich glaubte, Sie hätten mich gar nimmer so gerne." Und ich darauf: „Sie irren sich, es ist eher so, daß ich Sie fast zu gerne habe." Wir sahen uns immer sehr ruhig an und scheuten einander nicht, als wir sprachen. Da antwortete er mir: „Das habe ich eigentlich nicht verdient." Und wirklich, das hatte er nicht verdient, daß ich nicht den einfachen warmen Ausdruck meiner immer lebendigen Liebe in diesem Augenblick fand. Ich wußte aber wiederum auch nicht, ob er das hören wollte, und schwieg. Dann bekannte ich ihm, daß ich eigentlich jedes Jahr, wenn er abgereist sei, das Gefühl hatte, etwas versäumt zu haben und dieses Jahr mehr als je. Er erwiderte in erregtem Ton: „Ja, das ist aber doch schrecklich, da sollte man doch wirklich einen Augenblick Zeit finden, ich war doch höchstens drei- bis viermal bei Ihnen." Wie recht

hatte er, mir das vorzuwerfen; aber all meine Kraft verbrauchte sich für die Arbeit, und George verstand nicht, daß sie mir für nichts anderes blieb und man mich immer suchen mußte, nicht aber von mir gesucht wurde. Statt dies zu erklären, was ich damals selbst nicht durchschaute, sagte ich nur leichthin: „Ach das zähle ich nicht ab und – ‚wenn ich dich lieb habe, was geht's dich an'."
Er erwiderte ernst, daß er dieser Ansicht „nun eigentlich gar nicht" sei. Aber ich blieb dabei und antwortete: „Ja, Sie sehen's doch, Sie sagen, Sie hätten mich selten gesehen und sich mir gegenüber so wenig geäußert", dagegen hatte er einzuwenden: „Ja – Sabine, das bezieht sich auch nur auf den Ausdruck meiner Empfindung, aber Sie können ja gar nicht wissen, was in mir vorgeht."
Ich forschte nicht, sondern wir schwiegen. Beim Fortgehen sagte er mit fester Stimme: „Sabine, das wissen Sie, daß wenn Sie mich einmal wirklich brauchen, ich immer da bin für Sie."
Ich fühlte, daß ich ihn durch meinen leichten Ton verletzt hatte. Seine Worte klangen wie Abschied, waren es aber noch nicht.
Gertrud Ka. erzählte mir, daß er zu ihr gesagt habe: „Ich liebe Sabine und werde sie immer lieben, aber die Freundschaft mit ihr wird durch das Hereinplatzen der Kinder unmöglich gemacht."
Das Leben ließ mir keine Pausen zum Nachdenken. Bald nach diesem Abschied schickte ich ein großes Doppelbild zur Sezession. Dann mußte ich um eines auswärtigen Auftrages willen verreisen.
Aus meinem Tagebuch: „Nach der Rückkehr Sezessionsessen: einer der Prominenten trank Kognak aus Weingläsern und taumelte dann wüst umher. Andere Prominente ergingen sich in zweideutigen Witzen. Es ist nicht verwunderlich, daß Reinhold die Gemeinschaft mit diesen Typen ablehnte. Er wirkte dazwi-

schen wie aus einer anderen Welt: geläutert in sieben Feuern, gesegnet vor Tausenden und doch ein ewig Ringender, ein Gequälter und auch ein Quälender. Die andern leben und arbeiten so verantwortungslos immer weiter. Und er? Die Ziele, die er sich gesteckt hat, sind zu hoch – er zerbricht daran. Gottlob wachsen mir die Kräfte wieder mit den Anforderungen. Tägliche Fahrten nach Wannsee mit dreierlei Vehikeln. Dort male ich ein Kind. Dazwischen schreibe ich einen Aufsatz für die Zeitung. Dann Reise nach Bremen: Kindergruppenbild. Wieder zu Hause angelangt, bekamen wir fast alle die Masern, auch ich. Unsere Genesung in schöner Abgeschiedenheit von der Welt. Gleich darauf verreiste ich „zur Erholung" und mußte auf dieser „Erholungsreise" ein großes Gruppenbild malen, das mir mißriet, weil ich noch zu schwach zum Arbeiten war. Dreimal mußte ich noch ansetzen, bis es endlich gelang. Wieder zu Hause, brachte mir tägliche Erquickung die Bearbeitung des Gartens. Wenn der Garten erwacht, die Meisen im Kirschbaum zwitschern und den Frühling rufen, dann dämmert es wie Erinnern in mir an das, was ich einmal hoffte und wünschte."

Nichts mehr von alledem! Nur: „Beten und arbeiten". Ich zog mir durch einen Rosendorn eine qualvolle Vergiftung an der rechten Hand zu. Der Arzt war von unbeschreiblicher Rücksicht und Güte, Georg Simmel und Gertrud Ka., auch meine Freundin Frieda teilnehmend und aufopfernd. Der härteste Mensch mußte ja auch spüren, was es für mich bedeutete, wenn meine rechte Hand in Gefahr kam. Ich hatte gerade wieder ein Bildnis abgeschlossen, als ich operiert werden mußte. Die nachfolgenden Schmerzen waren so, daß ich mich frug, ob ich wohl ein Märtyrer hätte sein können, wenn ich sie weiter zu ertragen gezwungen wäre – und ich mußte es mir verneinen.

In dieser Zeit erschienen wieder George und Gundolf in Westend. Ich konnte mich nur wenig an den abendlichen Zusammenkünften beteiligen und mußte mich meistens aus dem Kreis der Freunde entfernen.

Zufällig gab mir das Gespräch auch weniger Ablenkung von meinen Schmerzen, als ich erhofft hatte, denn Georges Ausspruch, daß der Mann immer die Begabung vom Vater habe und ihm ausschließlich ähnlich sehe, fand ich nicht stichhaltig. Er führte die Habsburger an und schien ganz zu vergessen, daß sie meist unter Verwandten geheiratet hatten und also Vater und Mutter gleichzeitig ähnlich sahen.

Die Tatsache, daß Goethe den göttlichen Funken von der Mutter überkommen – daß Laetitia bereits ein weiblicher Napoleon war – Schopenhauer die Begabung ganz von der Mutter erbte – Augustinus geradezu das Werk seiner Mutter zu nennen ist, – wurde ja nicht dadurch ausgelöscht, daß Schiller und manch anderer seines Vaters Kind war, und George selbst seinem Vater wie einem älteren Bruder glich. Er hatte mir einst ein Lichtbild von ihm zur Betrachtung mitgebracht. George zeigte mir gegenüber eine etwas ironische Freude daran, der Frau auch bei der Fortpflanzung eine unbedeutendere Rolle zuzuweisen. Ich mußte immer lachen, wenn er mit diesen Beobachtungen hervorkam und war auch nicht imstande, solche Behauptungen ernst zu nehmen, betrachtete sie vielmehr als eine Art Neckerei. Auch mein eigener Sohn war fast ein Ebenbild von mir. So erübrigte es sich, über dieses Thema hin und her zu reden und gegen die Behauptung eines Mannes zu eifern, der ja niemals gebären konnte.

Ernster aber mußte ich es nehmen, wenn George mehr und mehr die Neigung zeigte, die Frauen aus der Weltgeschichte zu streichen. Sicher spielten sie im allgemeinen eine schwer erkennbare, ja oft anonyme Rolle im historischen Geschehen. Und nun gar in gewissen Jahrhunderten wirkte die Frau ausschließlich duldend mit, indem sie dem damals mächtigsten Typus Mann die Gelegenheit bot, das Unmaß an Brutalität, das ihm beigegeben war, an ihr auszulassen.

Die Frau war ja durch die Gesetze völlig ungeschützt, außerdem wurde ihr erst auf dem Konzilium von Konstanz der Besitz einer Seele, die ihr vorher abgesprochen war, zuerkannt. Aus dieser Knechtung erhob sie sich nur langsam, bis hier und da hochentwickelte Frauengestalten auftauchten. Sie blieben noch zu selten, um sich zu gemeinsamem Wirken zusammenzuschließen, wie es den Männerbünden und Freundschaften in ihrer gegenseitigen Bestärkung, dem Halt, den der eine dem anderen gab, beschieden war. Um so bewundernswerter erscheint ihre geistige Gestalt und ihre einsame Leistung. Nur die unabhängigsten Männer wie Augustinus zogen die Frau hinein in die große Gemeinschaft der Menschen, die das heilige Feuer auf Erden bewachen und verwalten bis auf den heutigen Tag. Nicht nur die großen frommen Frauen gehören zu den Hütern, sondern auch eine Sappho, eine Hypathia oder eine Maria Theresia. Forscherinnen wie Madame Curie, Künstlerinnen wie Angelica Kaufmann, Selma Lagerlöf und außerdem eine ungeheure Schar solcher, deren Name bescheiden verklungen ist, deren Wirken aber lebt.

Jene Frauen also, deren Persönlichkeit und Leistung sie herausstellte aus der allzu langsamen Entwicklung ihres Geschlechtes, nicht in die Reihe der geistigen Führer einbeziehen zu wollen, war an einem Menschen wie George nur erklärlich durch seine bäuerliche Abstammung. In einem Zeitalter, das längst erkannt hat, daß eine Frau wie Käte Kollwitz als einzige in Jahrhunderten das Erbarmen mit der gepeinigten Kreatur durch ihre weibliche

Schau zu höchster Kunst erhob, darf man nicht auf alten abgelegten Formeln mit Starrheit bestehen.

Georges Auslassungen an diesem Abend, bei denen ihm Gundolf sekundierte, wirkten um so belastender, als die Schmerzen, die ich leiden mußte, mich meiner inneren Kraft beraubten, wodurch ich nicht in der Lage war, mich zu sammeln und wie sonst frei ihm gegenüberzutreten.

George sprach sein Erstaunen über meine Sorge um die Hand aus, aber Gundolf erklärte ihm, daß solche Blutvergiftungen sehr arg werden könnten und daß einer Bekannten von ihm in derselben Lage der Finger abgenommen werden mußte. Von nun an peinigte mich außer den Schmerzen noch die Angst. Ich bettete mich zur Nacht in ein entlegenes Zimmer, um niemand durch mein Stöhnen zu stören und durch mein Zähneklappern. Nur „Putti", auch „Berni" genannt, die Freundin von Ludwig Klages, die jetzt die Hüterin unserer Kinder war, umgab mich mit Fürsorge und Mitgefühl. Unterdessen währten in den Räumen nebenan die Gespräche bis tief in die Nacht. Ich kann nicht leugnen, daß in dieser Schmerzensnacht mir alle diese Menschen, die im Geist und in der Wahrheit lebten, plötzlich wie unmenschlich erschienen und ich mich durch meine höhere Einsicht ihnen in einer bestimmten Richtung überlegen fühlte.

Als es mir ein wenig besser ging, reiste Reinhold zum zweitenmal nach Köln zur Van-Gogh-Ausstellung und von dort für ein paar Tage nach Bonn, wo er Karl Justi malte, sein bedeutendstes Männerporträt. Plötzlich hatte er die Kraft besessen, zur rechten Zeit innezuhalten, es nicht zu verderben und siehe da – er feierte den größten Erfolg seines Lebens. Die Wirkung war eine ungeheure.

Heimgekehrt fand er in meinem Atelier den seltsam genialischen Rudolf Pannwitz einquartiert, der einen Notschrei an mich hatte ergehen lassen, weil er fürchtete, durch überanstrengte Nerven in seiner Arbeit unterbrochen zu werden. Zwar mußte ich dem Flehenden seine Bitte abschlagen, ihn aus München abzuholen, denn meine Hand war noch nicht geheilt; doch stellte ich ihm mein Atelier zur Verfügung, da ich ohnehin am Arbeiten verhindert war. Ich sorgte gut für diesen bedeutenden Sonderling trotz des Mangels an innerlicher Beziehung zu ihm und hatte auch die Freude, zu sehen, daß sein beunruhigtes Wesen sich wieder glättete. Wie dankbar war ich immer, wenn mir der Beweis dafür wurde, daß man mich trotz meiner Überbürdung als einen bedingungslos hilfreichen Menschen erkannte.

Erst durch das Aufleben von Pannwitz zog für mein Gefühl wieder der Geist der Güte in unser Haus ein, das mir seit jener Schmerzensnacht unheimlich geworden war, und dem ich nun einmal eine ganz bestimmte Prägung geben wollte. Es war nicht das einzige Mal, daß ich Menschen, welche Licht und Wärme brauchten, in unser Haus geholt hatte, wenn sie auch weniger genialisch als Pannwitz waren; denn nichts lag mir ferner, als das, was ich mit Nestegoismus bezeichne.

Das große Erbarmen, oder „die Ehrfurcht vor dem Leben", wie Albert Schweitzer es nennt, beseelte mich von je als ein Selbstverständliches. Es erschütterte mich, wenn George von dem Krieg, der kommen müsse, so erbarmungslos sprach, wie von einer Notwendigkeit, die Deutschland aus seiner geistigen Misere retten würde, kurzum wie von etwas Willkommenem!

So hoch man von freiwilligem Heroismus denkt, so grausam erscheint es, Hunderttausende in den Tod schicken zu wollen. Aber auch auf andere Härten konnte man bei George stoßen: zum Beispiel war davon die Rede, daß ein illegitimes Kind eines seiner Jünger kärglich versorgt wurde (wodurch es sich übrigens damals nicht von legitimen Kindern unterschied), weil auf der weiten Reise von Deutschland nach Italien, wo Mutter und Kind lebten, sich die Geldsendungen während der Inflation entwerteten. Es wurde daher überlegt, wie man diesem Übelstand abhelfen könne, denn das schöne kleine Mädchen gewann aller Herzen, und da es von einer anziehenden, musikalischen Mutter stammte, lohnte es sich wohl der Mühe, sein Schicksal zu bedenken. George aber schnitt die Diskussion kurz ab, indem er sagte: „Gott liebt keine Hurenkinder".

Im Oktober 1912, während Reinholds Abwesenheit, mußte ich in einem fernen Vorort Berlins ein Kinderbildnis malen, was mich sehr erschöpfte, da meine Hand noch nicht ganz gesund war. Gleich darauf malte ich Fräulein M. v. M. in meinem Atelier, aus dem R. Pannwitz inzwischen wieder verschwunden war. Dann aber mußte ich eine Reise nach Saaleck antreten, wo ich mich ziemlich lange im Hause Schultze-Naumburg aufhielt, da ich beauftragt worden war, seine vier Kinder zu malen. Ich empfing dort durch die Nähe dieses hervorragenden Künstlers eine Fülle von Anregungen. Als ich zurückkehrte, bekam unser Sohn Diphtherie. Wieder entfernte ich die übrige Familie vom Hause und blieb bei dem Kinde. Täglich ging Reinhold vor meinem Fenster auf und ab. Diese Distanz hatte ihren eigenen Zauber. Ein paar zugerufene Worte – ein Grüßen und wie fühlen wir, daß wir uns alles sind! Das Kind gesundete wieder.

In der Zurückgezogenheit meines Lebens, mit dem genesenden Kinde, das bereits eine eigene geistige Welt hatte, in der es lebte, blieb mehr Muße für mich als je. So dachte ich auch darüber nach, wie unmöglich es für einen selbständigen Menschen wie mich war, die Satzungen Stefan Georges ohne weiteres anzunehmen. Auch konnte ich nicht meine Götter verleugnen und den seinen dienen, wenn ich gleich fühlte, daß er mir dadurch verloren ging. Gewiß ein unersetzlicher Verlust. Er aber, der den Trieb und die Kraft des Führers in sich fühlte, brauchte Gehorsam. Wie wichtig seine Forderungen für die Jugend auch sein mochten: soweit sie nicht nur das Mindere ablehnten, sondern eine Neuordnung des ganzen Lebens verlangten, mußten sie ihn von allen älteren und selbständigen Menschen lösen. Er sammelte begeisterte Jünger, die er zum Glauben erweckte.

Aber ich, die ich ja nicht in diesem Sinne in seiner Nachfolge stand, wurde oft zum Widerspruch herausgefordert. So etwa, wenn ein durchgebildeter Geist wie Gundolf der beim Manne so allgemein verbreiteten Neigung, die Frau im Bausch und Bogen abzuurteilen verfiel, so daß er zum Beispiel in seinem George-Buch in mißverständlichen Sätzen die Liebe zum edlen Weib übergeht, um nur gegen den modernen Kult des „dumpfen Fleisches" zu eifern. Wir alle, die wir Gundolf kannten, konnten über solche Schärfen nur lächeln, denn er selbst ließ kaum einen Tag vergehen, ohne bei geist- und reizvollen Frauen Anregung zu suchen. Und wenn auch Gundolf in solchen Äußerungen nicht sein letztes Credo sagte, so war doch seine Einfühlung in Georges Fernhalten der Frau aus dem Geistigen Reich so stark, daß man es fast als Verrat am Weib empfinden mußte, wenn er, der den Frauen von je huldigte und deren Geistigkeit ihm unentbehrlich war, derartige Sätze in die Welt schickte. George hatte sein persönliches Leben dem überpersönlichen Anteil am Geistigen Reich geopfert, und darum stellte er aus einem selbstverständlichen Machtbedürfnis heraus das, was nie seine Lebensform werden konnte, Bindung an Frau oder Familie als das Unwichtigere dar, obwohl auch er einmal von einer Frau gesagt hatte: „Sie war meine Welt".

Es war im Oktober 1913, als er uns besuchte. Völlig verändert wendete er sich im Gespräch fast ausschließlich und betont an Reinhold. Da begann auch ich darüber nachzudenken, was in den langen Jahren mich dazu veranlaßt hatte, Distance zu diesem Manne zu halten. Zwar war es nicht zu übersehen, daß unsere Freundschaft auf einer Ebene lag, welche die Höflichkeit im galanten Sinne ausschloß, ja sie als eine noch schwerere Beleidigung hätte empfinden lassen. Trotzdem gab Georges Verhalten an diesem Abend den Auftakt zur wirklichen Trennung.

Nach monatelangem Aufenthalt, ohne daß von unserer oder seiner Seite der Versuch eines Wiedersehens gemacht worden war, ließ ich ihm durch Ernst Gundolf sagen, wie traurig ich über unser letztes Wiedersehen sei, und daß ich hoffte, ihn noch einmal zu sprechen.

Inzwischen war Georges Mutter gestorben. Ein paar Tage später ließ er mir sagen, er sei nicht recht wohl, ob ich mich nicht in Reinholds Atelier mit ihm treffen könne. Zwar widerstrebend, aber ich tat es doch. Reinhold war bereits dort, er ließ mich seltsamerweise nicht allein mit George, den er in aller Eile im tiefsten Kunstgespräch verankert hatte; und dann lief zunächst eine Unterhaltung zu dreien vom Stapel.

Glücklicherweise kam ein Bote, zu dem Reinhold einige Minuten herausging, in denen George mir klar machte, in welchem Stadium unsere Freundschaft jetzt angelangt sei, und daß man nicht immer die Dinge berühren müsse, in denen man verschiedener Meinung sei (das bezog sich in der Hauptsache auf die Musik). Er habe das jetzt gelernt und wisse, daß dies eben anders sei als in der Jugend. Ich erwiderte ihm, daß ich das sehr wohl achtete, aber er werde es wohl auch anerkennen, wenn ich das Schweigen über die Dinge, die mir heilig sind, ihm gegenüber wie eine Verleugnung betrachtete. Darauf sagte er etwas erregt: es sei ja nie möglich, mich allein zu sprechen. Die Kinder platzten immerfort herein und man könne „all sowas" doch nicht zu dreien oder mehreren besprechen.

Als Reinhold, der uns kaum drei Minuten Alleinsein gegönnt hatte, sich wieder einfand und nun von neuem bei uns stand, waren wir genötigt, uns wieder gegen unsern Willen ganz unvermittelt über unpersönliche Fragen zu unterhalten.

Zum Abschied hielt George mir die Wange hin: „Nun, gebe Sie mir keinen Kuß? Ich kann doch nit zu Reinhold sagen: gehe Sie mal einen Augenblick raus." „Natürlich", antwortete ich und brachte mit einem Kuß dieses seltsame Anliegen schnell aus der Welt.

Das war zwar ein deutlicher Abschied, aber, so sollte mir wohl gezeigt werden, ein Abschied nicht im Bösen, und dennoch – ein peinvoller Abschied. Als George uns verlassen hatte, waren mir die Tränen näher als alles andere. Reinhold und ich gingen den langen, langen Weg nach Westend schweigend nebeneinander.

Die Tragik stand mir vor Augen, mir solche Freundschaft verscherzt zu haben durch das allzu große Recht, das ich meiner Familie an mich eingeräumt hatte. Mit Schmerzen verlor ich nun auch diesen großen Freund! Immer seltener erschien George in unserem Hause. Das Jahr 1914 nahte, und obgleich vollständig unpolitisch eingestellt ahnte ich das Kommen des Krieges, der kam, weil er kommen wollte und mußte, nicht durch Menschenwillen herbeigeführt, sondern von bösen Mächten, die die Herrschaft an sich rissen.

Es war im Juli, wir befanden uns in Leipzig während der „Bugra", als ich eben einen Vortrag über Kunst gehalten und den Saal verlassen hatte, um im Park Reinhold zu treffen, der auf meinen Wunsch dem Vortrag ferngeblieben war. Bevor ich den Erwarteten traf, hörte ich mich mit mir selbst reden, laut die Worte sagen: „Jetzt kann nur noch Krieg kommen". Der herrschenden Unmajestät gegenüber – in deren Händen unser Wohl und Wehe lag – mußte die eigene Machtlosigkeit den freigeborenen Menschen erregen, weil alles geschädigt wurde, was den eigentlichen und geistigen Besitz des Volkes darstellte. Im besonderen litten die Künstler und die Gelehrten darunter. Aber auch sonst wurde jeder Schritt zur Freiheit, jede Annäherung an Humanität und soziale Einsicht gehemmt.

Nach einer langen Arbeitszeit wollte ich mir endlich eine wirkliche Erholung gönnen, und so reiste ich mit Mann und Sohn am 1. August 1914 in die Schweiz nach Fideris.

Reinhold führte, wie oft auf längeren Reisen, das Generalstabswerk des Krieges 1870–71 bei sich, das er bei trübem Wetter täglich studierte, und an dem er sich geradezu begeisterte. Vergebens suchte er meine Aufmerksamkeit auf die Generalstabskarten zu lenken, die ausgebreitet neben ihm lagen. Wie ein grausames Schachspiel, wie ein fremdes, kaltes männisches Berechnen mutete mich dergleichen an, und ich begriff nicht, wie man sich als Ausspannung von künstlerischer Arbeit mit der Methode des Zerstörens beschäftigen konnte, statt das Aufbauende zu suchen. Doch gelang es leicht, die Begeisterung durch den Vater auf den Sohn zu übertragen, der schon früher, angeregt durch Erzählung von der Glorie des Krieges 1870 erklärt hatte, er wolle Offizier werden. Die Folgerungen, die ich daraus gezogen hatte, waren vor allem diese, nicht dagegen zu reden, um nicht Widerstand zu wecken – andererseits alles dafür zu tun, den 17jährigen Sohn in seiner Vorliebe für Pferde und Reiten zu bestärken. Eine nachdenkliche Mutter wird immer, wenn sie an lebhaften und begabten Kindern eine edle Leidenschaft entdeckt, ihr möglichstes tun, sie zu fördern.

In der weltfremden Atmosphäre eines entlegenen Gebirgsortes nach wenigen ruhigen Tagen erlebten wir nun den Kriegsausbruch.

Sehr bezeichnend für Reinhold Lepsius war es, daß er, der sich außerordentlich viel mit Politik und Kriegsgeschichte beschäftigte, nicht zur Abreise zu bewegen war, weil er aller Wirklichkeit gerne vorüberging und durchaus nicht an die Kriegserklärung glauben wollte. Wenn ich auch zur Abreise trieb, so gerieten wir doch noch in lebensgefährliches Gedränge, in beängstigende Menschenansammlungen auf den Bahnhöfen und mußten dankbar sein, daß wir alle drei lebendig zu Hause anlangten.

Ich will nicht von der „Geschichte einer Freundschaft" so weit abweichen, um etwa zu den Erinnerungen des Kriegsbeginnes abzuschweifen, die ein Buch für sich beanspruchen würden. Nur soviel soll gesagt werden wie notwendig ist, um vor Augen zu führen, welch ein Hingerissensein zu heroischer Tat sich fast aller Menschen bemächtigte. Wie sollte es nicht unsern 17jährigen Sohn ergreifen, und konnte man es ihm verwehren, sich für die Verteidigung des Vaterlandes zu opfern? So kam es denn, wie es kommen mußte. Stefan meldete sich als Kriegsfreiwilliger, bestand das Abiturientenexamen und zog in den Krieg.

Jeder unserer Freunde, der die hohe Begabung dieses jungen Sohnes kannte, wußte, was es für uns bedeuten mußte, diesen noch knabenhaften mitten ins Getümmel nach Rußland zu entlassen. Inzwischen war es Winter geworden, und ich lag mit einer leichten Rippenfellentzündung monatelang zu Bett, als uns Stefans erste schwere Verwundung gemeldet wurde. Ich hatte auf meinem Krankenlager zum erstenmal in meinem Leben magnetische Kräfte in mir verspürt, die ich meinem Sohn in den Nächten nachsandte, nicht wissend, daß solche Fernwirkung längst entdeckt und ange-

wendet wurde. Ich erfand sie von neuem, und so war gottlob seine erste Verwundung nicht tödlich. Eine unblutige Schädelverletzung hatte ihn vollständig der Sprache beraubt; ganz allmählich fand sie sich mit Hilfe des Unterrichtes wieder ein. Aber noch waren ihm Fremdworte, mit denen die Militärsprache durchsetzt ist, unaussprechbar. Hätten den Kindlichen nicht die Masern ereilt, so wäre der Stammelnde schon wieder zur Front gestürmt.
Meine Krankheit heilte aus, und ich konnte das unterbrochene Bildnis eines kleinen Mädchens weiterführen.
Das Gefühl, zusammenhalten zu müssen, war während des Krieges (aber leider nur während des Krieges) so mächtig in Deutschland, daß man eine Beziehung zwischen zwei Menschen nicht mehr Freundschaft nennen konnte, welche in dieser Zeit verstummte, verebbte und unlebendig wurde. Mochte auch George selbst im tiefsten erschüttert sein, so wäre es doch angesichts des toten Punktes, an den er unsre Freundschaft geleitet hatte, an ihm gewesen, sich nun bei uns zu melden; statt dessen entschloß er sich nur, ohne vorherige Anmeldung eine Besuchskarte bei uns abzugeben. Er verfehlte uns, denn Reinhold Lepsius war in seinem Atelier, und ich befand mich auf einem Gut in der Mark, um ein Porträt zu malen. Da ich soeben eine Diphtherie überstanden hatte, so wurde es mir nicht leicht, mich so eilig wieder in die Arbeit zu stürzen. Nach Abschluß des Bildes erwarteten mich zu Hause wieder neue Aufträge, die mich trotz des Krieges immer in Atem hielten.
Wir schrieben das Jahr 1915, in dem das adressenlose Kärtchen das einzige Lebenszeichen Georges gewesen war, das von uns bald wieder vergessen wurde über dem furchtbaren Weltgeschehen. Im Jahre 1916 erhielt Reinhold Lepsius den Auftrag, Generalfeldmarschall von Eichhorn zu malen; er reiste nach Wilna und hielt

sich dort viele Wochen auf. Unser Sohn, abermals in Rußland, durfte seinen Vater im Hauptquartier besuchen, was er als ein bedeutsames Ereignis empfand. Nach seiner Rückkehr ins Feld wurde er zum zweitenmal verwundet, jedoch nicht so schwer wie das erstemal.

Charakteristisch für Reinhold Lepsius war es, daß er in den häufigen Sitzungen dem Feldmarschall niemals erzählt hatte, daß es sein einziger Sohn sei, der nun wieder verwundet, im Lazarett seiner dritten Verwundung entgegengepflegt wurde.

Die Jahre, die jetzt folgten, waren über alles Maß peinigend. Sie waren die Hölle! Tägliche Verlustlisten – die Blüte Deutschlands fiel. Wenige dieser Besten blieben übrig. Die große Schar derer, die Mittel und Wege fanden, den Gefahren des Krieges fernzubleiben, flössten Abscheu ein, denn es schien, daß für diese Minderwertigeren die Hoffnungsvollen fallen mußten.

Dazu kam, daß auch die Töchter, ihrer weiblichen Anlage entsprechend, oder auch ihrer nicht achtend, sich für die große Sache einsetzten. Unser ältestes Kind, Monica, ging mit ihrem Onkel Bernhard Lepsius nach Belgien. Die Angst vor dem Franktireurunwesen dort machte es den Eltern eines jungen Mädchens nicht leicht, sie in diesem Lande zu wissen.

Wie lange sollten diese Grausamkeiten auf der Erde noch anhalten? Und wie lange der unbegreifliche Optimismus der Chauvinisten in allen Staaten? Auch Reinhold Lepsius erkannte nicht den Wahnsinn dieser grauenhaften Barbarei. Oder wollte er es nicht erkennen? Genug – ich begriff dies alles eines Tages und konnte mich nicht mehr an der künstlich gesteigerten und organisierten Begeisterung beteiligen; und zwar geschah diese Umwandlung in mir an dem Tage der Einnahme von Warschau durch die Deutschen. Unvergeßlich bleibt mir, wie Reinhold jubelnd die Nach-

richt brachte: Warschau ist gefallen, in 8 Tagen ist der Krieg zu Ende! Ich verhielt mich ungläubig. Wie oft hatte man schon gesiegt und gehofft, aber der Wahnsinn griff immer weiter um sich und wollte nicht enden. Als Amerika sich nicht entblödete, auch noch in den Krieg einzutreten, da konnte man sich nur noch fragen, wodurch der Haß der ganzen Welt sich auf Deutschland sammelte.
Täglich glaubte ich deutlicher zu erkennen, daß das Lied vom Gott, „der Eisen wachsen ließ", eine knabenhafte Illusion sei; vielmehr ließ der Teufel das Eisen wachsen, verschleppte es in die Waffenfabriken, damit sich die Hersteller der Kanonen und Geschosse daran bereichern konnten. Die Zeit des beispiellosen Heroismus um 1813, dieses Aufstehen eines ganzen Volkes aus eigenem Entschluß gegen den Bedrücker entfernte sich ins Sagenhafte im Vergleich mit diesem sinnlosen, dem Volke aufgezwungenen Krieg, durch den Lug und Trug, brennender Ehrgeiz, Machtgier, Neid – kurzum alles Böse und Barbarische an die Oberfläche geriet.
Ich wurde nunmehr zu einer überzeugten Gegnerin des modernen Krieges im Jahre 1917, dem Jahre, in dem am 1. April unser einziger stolzer Sohn in Reims seiner letzten und grausamsten Verwundung erlag.

> Der selbst lacht grimm wenn falsche heldenreden
> Von vormals klingen der als brei und klumpen
> Den bruder sinken sah, der in der schandbar
> Zerwühlten erde hauste wie geziefer ...
> Der alte Gott der schlachten ist nicht mehr.
> Erkrankte welten fiebern sich zu ende
> In dem getob. Heilig sind nur die säfte
> Noch makelfrei verspritzt – ein ganzer strom.
>
> Der Krieg 1917

Der Vorhang fällt. Es kann nicht ausgesprochen werden, was hinter ihm die Seelen bewegte. Wer könnte versuchen, in Worten solchen Schmerzen Namen zu geben. Reinhold Lepsius wurde gemütskrank, und seine völlige innere Vernichtung zeigte sich auch in seinem Zusammenbruch als Künstler, der durch lange Zeiten sein Atelier nicht mehr betrat.

Alles um mich her schien zu wanken. Die Kräfte meiner Töchter unterhöhlt durch die Hungerjahre und nun noch das Leiden des Geliebten! Hätten mir nicht noch die Nächte allein gehört, so wäre mir das Recht an meinen Schmerz vom Leben ganz aus der Hand gewunden worden, denn die Tage waren ausschließlich der Sorge um meine Familie gewidmet, die ich entschlossen war, vor dem Untergang zu bewahren. Acht Tage nach meines Sohnes Tod starb mein teurer Bruder Botho am Herzschlag. Mir schien es damals, als sei das Leben nur eine leichte Flamme, die der leiseste Wind verweht. Und doch riefen noch die Lebendigen nach mir und begehrten Halt und Hilfe.

Wie immer war ich gezwungen zu arbeiten, zu verdienen. Mit voller Vertiefung malte ich Bild auf Bild. Aber mein Entsetzen war unbeschreiblich, als ich empfand, daß kein Baum und keine Blume, keine Wolke und kein Stern mehr zu mir sprach. Die Natur war erstorben für mich, sie kam mir leer vor und nur wie grauenvoller Schein.

Als nun auch Stefans Freund Otto Braun von der tödlichen Granate getroffen wurde, da überkam mich gesteigertes Weh, nicht allein um dieses begabten und so liebenswürdigen Jünglings willen, der bei uns wie ein eigenes Kind mitbetreut und mitverwöhnt worden war, der viel bei uns gewohnt und im Garten herumgetollt hatte, und den ich um seiner Herzensreinheit willen besonders liebte – sondern auch, weil in ihm meines Sohnes An-

denken so stark fortlebte, daß mir sein Tod wie ein schmerzhaftes Zerreißen der letzten Bande erschien, mit denen dieser schöne Knabe mich ahnungsvoll an das Leben knüpfte. Mit Ergriffenheit lasen Reinhold und ich die Gedichte, die er meiner Tochter Sabine hinterlassen hatte, der er schwärmerisch huldigte.
In diesem Schmerzensjahr besuchte uns noch einmal Stefan George. Er trat herein, lebhaft, stark und fast heiter. Und wenn er auch kam als ein Teilnehmender an unserm Unglück, so verschmähte er doch die Geste des Mitleids. Er näherte sich uns als ein Aufrichtender.
Da ich immer besorgt war, Reinhold kräftigende und ablenkende Eindrücke zuzuführen, ließ ich die beiden am Kaminfeuer allein, nachdem ich einen erquickenden Imbiß für sie gerichtet, der damals etwa Perlen und Diamanten gleichkam. Mit dem Bemerken: „Ich lasse dir diese Stunde allein", ging ich in mein Zimmer.
Mit einem seltsamen Lächeln verfolgte mich George, mit Blicken, als wolle er sagen: „Sie braucht mich noch immer nicht".
Was sollte mir solch eine flüchtige Berührung mit einem Mann, der sich einmal mein Freund genannt hatte. War er jetzt nicht bereit, sich mir für eine kurze Spanne Zeit ganz zu widmen, so konnte ein „Besuch" mir nichts geben. Er aber mochte den Stolz und die Kraft in mir als eine Abwehr empfinden, die nicht überwunden werden konnte.
So erschien ich denn nur noch zum Lebewohl. Reinhold kam nicht auf den Gedanken, George und mir einen Augenblick der Zweisamkeit zu lassen. Ein Gespräch aber zu dreien wäre mir unbefriedigend geblieben, weil es auf zwei Persönlichkeiten hätte eingestellt werden müssen. Besser, ich hätte George überhaupt nicht gesehen, denn in der Lebensstimmung, in der ich mich be-

fand, war mir seine Erscheinung bei so flüchtigem Streifen fern und gespenstisch, wie es Wolke, Stern, Baum und Erde war. Das Nachgefühl dieser Begegnung blieb so unheimlich, daß ich es mir schuldig zu sein glaubte, den Versuch zu machen, es umzudeuten. Ich führte Reinhold vor Augen, wie angemessen es gewesen wäre, wenn er George und mir ein Wort unter vier Augen gegönnt haben würde.

Es war eine Art Gegenbesuch, zu dem wir uns bei George im Hause seines Verlegers Bondi ansagten. George empfing uns in einem kleinen Raum, der trotz der mit Büchern bekleideten Wände etwas seltsam Stimmungsloses hatte. Es kam zunächst nur ein übliches Gespräch zustande. Aber unser Alleinsein fügte sich besser, als ich gehofft, denn Reinhold hatte sich früher verabschiedet. George war, ich kann es nicht anders ausdrücken, herzlich mit mir. Er begleitete mich später bis zu einem Platz, an dem ein Fahrzeug zu finden war.

Da ich immer diejenige war, welche andere stützen und aufrichten mußte, so überkam es mich, als müßte ich hier Hilfe finden, als müßte der einstige Freund mich für wert halten, mir beizustehen, den schwersten Schlag zu ertragen, den das Schicksal einer Mutter auferlegen konnte. Auf diesem letzten kurzen gemeinsamen Weg mit Stefan von der Wohnung bis zum Gefährt erinnerte ich ihn in plötzlichem Impuls daran, daß er einmal früher zu mir gesagt, wenn ich ihn brauche, sei er für mich da, ... und dieser Augenblick sei jetzt gekommen.

George antwortete nicht darauf, er blieb stumm und ließ mir Zeit, dem Unfaßlichen nachzudenken, das ihn verhinderte sein einstiges Versprechen an mich jetzt einzulösen. Wir gaben uns zum Abschied schweigend die Hand und sahen uns niemals wieder.

www.ingramcontent.com/pod-product-compliance
Lightning Source LLC
Chambersburg PA
CBHW020414230426
43664CB00009B/1274